रज़ा
पुस्तक माला

उपन्यासकार का सफ़रनामा

शम्सुर्रहमान फ़ारूक़ी से संवाद

रज़ा फ़ाउण्डेशन | THE RAZA FOUNDATION

उपन्यासकार का सफ़रनामा

शम्सुर्रहमान फ़ारूक़ी से
उदयन वाजपेयी का संवाद

राजकमल प्रकाशन

रज़ा पुस्तक माला : संवाद

प्रधान सम्पादक : अशोक वाजपेयी | सम्पादक : पीयूष दईया

राजकमल प्रकाशन प्रा.लि. और रज़ा फ़ाउण्डेशन का सह-प्रकाशन

ISBN : 978-93-88183-87-1

मूल्य : ₹495

पहला संस्करण : 2018

प्रकाशक : राजकमल प्रकाशन प्रा. लि.
1-बी, नेताजी सुभाष मार्ग, दरियागंज
नई दिल्ली-110 002

शाखाएँ : अशोक राजपथ, साइंस कॉलेज के सामने, पटना-800 006
पहली मंजिल, दरबारी बिल्डिंग, महात्मा गांधी मार्ग, इलाहाबाद-211 001
36 ए, शेक्सपियर सरणी, कोलकाता-700 017

वेबसाइट : www.rajkamalprakashan.com
ई-मेल : info@rajkamalprakashan.com

मुद्रक : यश प्रिंटोग्राफिक्स
नोएडा-201 301 (उत्तर प्रदेश)

UPANYASKAR KA SAFARNAMA
(Conversation with Shamsur Rahman Faruqi) by Udayan Vajpeyi

बाराँ के लिए

आमुख

कलाओं में भारतीय आधुनिकता के एक मूर्धन्य सैयद हैदर रज़ा एक अथक और अनोखे चित्रकार तो थे ही उनकी अन्य कलाओं में भी गहरी दिलचस्पी थी। विशेषत: कविता और विचार में। वे हिन्दी को अपनी मातृभाषा मानते थे और हालाँकि उनका फ्रेंच और अँग्रेज़ी का ज्ञान और उन पर अधिकार गहरा था, वे, फ्रांस में साठ वर्ष बिताने के बाद भी, हिन्दी में रमे रहे। यह आकस्मिक नहीं है कि अपने कला-जीवन के उत्तरार्द्ध में उनके सभी चित्रों के शीर्षक हिन्दी में होते थे। वे संसार के श्रेष्ठ चित्रकारों में, २०-२१वीं सदियों में, शायद अकेले हैं जिन्होंने अपने सौ से अधिक चित्रों में देवनागरी में संस्कृत, हिन्दी और उर्दू कविता में पंक्तियाँ अंकित कीं। बरसों तक मैं जब उनके साथ कुछ समय पेरिस में बिताने जाता था तो उनके इसरार पर अपने साथ नवप्रकाशित हिन्दी कविता की पुस्तकें ले जाता था : उनके पुस्तक-संग्रह में, जो अब दिल्ली स्थित रज़ा अभिलेखागार का एक हिस्सा है, हिन्दी कविता का एक बड़ा संग्रह शामिल था।

रज़ा की एक चिन्ता यह भी थी कि हिन्दी में कई विषयों में अच्छी पुस्तकों की कमी है। विशेषत: कलाओं और विचार आदि को लेकर। वे चाहते थे कि हमें कुछ पहल करना चाहिये। २०१६ में साढ़े चौरानवे वर्ष की आयु में उनकी मृत्यु के बाद रज़ा फ़ाउण्डेशन ने उनकी इच्छा का सम्मान करते हुए हिन्दी में कुछ नये क़िस्म की पुस्तकें प्रकाशित करने की पहल *रज़ा पुस्तक माला* के रूप में की है, जिनमें कुछ अप्राप्य पूर्व प्रकाशित पुस्तकों का पुनर्प्रकाशन भी शामिल है। उनमें गांधी, संस्कृति-

चिन्तन, संवाद, भारतीय भाषाओं से विशेषत: कला-चिन्तन के हिन्दी अनुवाद, कविता आदि की पुस्तकें शामिल की जा रही हैं। सभी पुस्तकों पर रज़ा साहब और उनके समकालीन मित्र चित्रकारों आदि की प्रतिकृतियाँ आवरणों पर होंगी।

शम्सुर्रहमान फ़ारूक़ी इस समय न सिर्फ़ उर्दू बल्कि समूचे भारतीय साहित्य में एक बड़ी और आकर्षक हस्ती हैं। उनमें गहरी विद्वत्ता और अथक सृजनशीलता का जो संयोग है वह अनोखा है। अपनी पारम्परिक बहुलता, जो कई बार आधुनिकता की झोंक में इकहरी देखी-समझी जाने लगती है, इस चिन्तक-लेखक के यहाँ जीवन्त गतिशीलता में प्रगट होती है। उनके संवाद से हमारी स्थिति के, हमारी सांस्कृतिक धरोहर के ऐसे कई पहलू सामने आते हैं जिन्हें हम भूल गये हैं। किसी उर्दू लेखक का हिन्दी में शायद यह सबसे लम्बा संवाद है। *रज़ा पुस्तक माला* में इस अनूठी और कई सिम्तों को रोशन करती बातचीत को पुस्तकाकार प्रस्तुत करते हमें हर्ष है।

अशोक वाजपेयी
अक्टूबर २०१८, नयी दिल्ली

प्रस्तावना

उदयन वाजपेयी

प्रस्तावना

शर्म्सुरहमान फ़ारूक़ी जिन्हें मैंने इस नाम से अकेले में भी नहीं बुलाया, उर्दू अदब के सम्भवतः सबसे बड़े उपन्यासकार और सिद्धान्तकार हैं। मैं बरसों फ़ारूक़ी साहब को उर्दू के लिए बेमिसाल सम्पादक और नक़्क़ाद और सिद्धान्तकार की तरह जानता था। पर मुझे यह अहसास नहीं था कि उन्होंने, विशेषकर, साहित्यिक मूल्यों की स्थापना में किस तरह का काम किया है। मैं जैसे-जैसे यह जान रहा हूँ, मुझमें उनके हिन्दी लेखक न होने का रश्क बढ़ रहा है। इसका कारण सिर्फ़ हिन्दी साहित्य ही नहीं, शायद उर्दू के अलावा सारे भारतीय साहित्य की एक विशेष तरह की स्थिति है। इन तमाम साहित्यों में साहित्य के मूल्यों का या तो अभाव है या वे बिलकुल ही ढुल-मुल हैं। हिन्दी साहित्य में पिछले चार या पाँच दशकों से जिन मूल्यों के आधार पर साहित्य को आँका जाता है वे दुर्भाग्य से साहित्य की परम्परा से नहीं आते। वे समाजशास्त्र से आते हैं। दूसरे शब्दों में, इस साहित्यिक संस्कृति में साहित्य को अपने आप में पूर्ण रचना नहीं माना जाता। यहाँ साहित्य की मूल्यवत्ता उसके समाजशास्त्र कसौटियों पर खरे उतरने पर निर्भर रहती है। जब यहाँ किसी कृति को महत्त्वपूर्ण कहा जाता है, उसके कोई भी साहित्यिक और कलात्मक आधार स्पष्ट नहीं होते। इस संस्कृति में साहित्यिक मूल्यों का स्थान जहाँ एक ओर समाजशास्त्रीय मूल्यों ने ले लिया है, वहीं कुछ काल्पनिक साहित्यिक मूल्यों को आलोचकों में प्रतिष्ठित मानकर स्वयं आलोचकों को साहित्यिक मूल्य का स्थान दे दिया जाता है। इससे अधिक दुर्भाग्यपूर्ण स्थिति किसी भी निर्मित होती हुई साहित्यिक संस्कृति के लिए हो नहीं सकती। हम

आज तक यह वस्तुनिष्ठ ढंग से बता नहीं सकते कि किसी भी कविता को या कहानी को या कि उपन्यास को श्रेष्ठ क्यों कहा जा रहा है। क्या सिर्फ़ इसलिए कि उसे किन्हीं आलोचकों ने अपनी उस समझ से उन्हें वैसा कहा है जिसके आधार स्वयं आलोचक के मन में स्पष्ट नहीं है। या यह कह लें कि हिन्दी की अधिकांश आलोचना प्रवृत्तिमूलक है जिसे रोज़मर्रा की भाषा में मनगढ़न्त कह सकते हैं। इस मनगढ़न्त आलोचना को बनाये रखने के लिए इस संस्कृति के बीचोंबीच कई बेढंगी इमारतों की तरह लेखक संघ निर्मित किये जाते हैं और मूल्यहीन आलोचना को सार्थक आलोचना की तरह प्रचारित करते रहने का प्रयास किया जाता है।

ऐसी साहित्यिक संस्कृति के बीच रहते हुए जब आपका सामना एक ऐसे लेखक से होता है जिसने अपने लेखकीय जीवन का अधिकांश साहित्य में कलात्मक मूल्यों को प्रतिष्ठित करने में लगाया हो, और जो लगभग आपकी ही भाषा हो, आपको बहुत राहत और उम्मीद मिलती है।

फ़ारूक़ी साहब ने अपने लेखन और सम्पादन के सहारे उर्दू अदब की लगभग सभी विधाओं में साहित्यिक मूल्यों की स्थापना करने की पुरज़ोर कोशिश की है। यह संयोग नहीं कि उर्दू के जाने माने आलोचक और कहानीकार हसन असकरी उन्हें उन्नीसवीं शती के महान उर्दू आलोचक मौलाना हाली के समकक्ष रखा करते थे। यह याद रहे कि मौलाना हाली स्वयं उर्दू के सम्भवतः महानतम शायर और विद्वान मिर्ज़ा ग़ालिब के शागिर्द थे। फ़ारूक़ी साहब ने बरसों इलाहाबाद से 'शबख़ून' नाम की एक ऐसी विलक्षण पत्रिका भी प्रकाशित की थी जिसमें उर्दू के तमाम प्रतिभावान शायर और अफ़सानानिगार शाया होते थे। आज जिन भी शायरों और अफ़सानानिगारों को उर्दू में महत्त्वपूर्ण माना जाता है, उनमें से ज़्यादातर अपने लेखकीय जीवन की शुरुआत और बाद में 'शबख़ून' में प्रकाशित हुए हैं। अगर हम ऊपर लिखी दोनों बातों को जोड़कर देखें तो यह कह पायेंगे कि फ़ारूक़ी साहब ने न सिर्फ़ उर्दू अदब के साहित्यिक मूल्यों की प्रतिष्ठा की बल्कि उनके आलोक में उर्दू की श्रेष्ठ सृजनात्मकता को भी रेखांकित कर सके। इसका आशय यह है कि फ़ारूक़ी साहब के मन में साहित्यिक मूल्य कोई बनी बनायी वस्तु नहीं है बल्कि वे निरन्तर रूपान्तरित होते रहते हैं। पर इस रूपान्तरण की प्रक्रिया में कुछ ऐसे तत्त्व निश्चय ही स्थिर रहते हैं जो इन मूल्यों को एक और परम्परा से जोड़ते

हैं और दूसरी ओर उन्हें किसी हद तक स्थायित्व प्रदान करते हैं। फ़ारूक़ी साहब का उर्दू साहित्य को दिया गया यह योगदान हिन्दी के लिए अप्रतिम नज़ीर है। इस बातचीत को प्रकाशित करते हुए मेरे मन के किसी कोने में यह बात भी है कि फ़ारूक़ी साहब के आलोचनात्मक और सैद्धान्तिक अवदान से हमारी भाषा के भी कुछ आलोचक अपनी तरह से प्रेरित हो सकेंगे। यहाँ यह बताना समीचीन होगा कि फ़ारूक़ी साहब ने न सिर्फ़ अरबी, फ़ारसी काव्यशास्त्र का गहरायी से अन्वेषण किया है, वे साथ ही संस्कृत की सुदीर्घ काव्यशास्त्रीय परम्परा के भी गहरे जानकार हैं। इन तमाम स्रोतों और प्राचीन फ़ारसी, संस्कृत और उर्दू कविता को ध्यान में रखकर फ़ारूक़ी साहब ने अपनी मूल्यदृष्टि निर्मित की है।

'कई चाँद थे सरे आसमाँ' फ़ारूक़ी साहब का बेहद लोकप्रिय उपन्यास है। यह उपन्यास गहन अध्येतावृत्ति और व्यापक कल्पनाशीलता के संयोग का दुर्लभ सुफल है। एक ओर यह अत्यन्त कल्पनाशील अफ़सानानिगार की बेशक़ीमती कृति है, दूसरी ओर यह मध्य उन्नीसवीं शताब्दी की दिल्ली का रोचक इतिहास भी है। पर इतिहास में कल्पना और कल्पना में भूगोल, भूगोल में काव्यालोचना इस तरह घुल-मिल गये हैं कि आपको यह मालूम ही नहीं चलता कि आप कब इतिहास की सड़क पर चलते-चलते कल्पनालोक में उड़ान भरने लगे हैं या कि आप दिल्ली के पास के किसी कस्बे में भटकते हुए कब लघुचित्रों के विशेषज्ञ के सामने आ खड़े हुए हैं। इस उपन्यास के ढंग का कोई दूसरा उपन्यास शायद ही किसी भारतीय भाषा में मिले। फ़ारूक़ी साहब का एक दूसरा उपन्यास भी है जो जल्द ही प्रकाशित होगा जिसका एक अंश हमने 'समास' के एक अंक में छापा था : 'कब्ज़े ज़माँ'। इस उपन्यास में फ़ारूक़ी साहब ने समय को एक ऐसी भूल-भूलैया की तरह परिकल्पित किया है जिसके कारण इतिहास गड्डमड्ड हो जाता है। मानो उन्होंने अर्जेन्टाइना के महान् लेखक बोर्खेज़ की किसी कहानी को बड़ी ही खूबसूरती से उपन्यास में इस तरह रूपान्तरित किया हो कि उसमें 'योगवाशिष्ठ' जैसे ग्रन्थों की अन्तश्चेतना फैल गयी हो।

बहुत समय से मैं फ़ारूक़ी साहब से लम्बी बातचीत करना चाहता था। पहले तो मुझे उनसे यह आग्रह करने में डर लग रहा था, पर जैसे-जैसे मैं उनकी कृतियाँ पढ़ता गया, मेरा उनके लिए डर कम होता गया। मैंने

उनकी लगभग सभी पुस्तकें जो देवनागरी और अँग्रेज़ी में उपलब्ध थीं उन्हें अपनी बीमारी से बाहर निकलने की अवधि में पढ़ लिया था। बीमारी की खुमारी से बाहर आने का इससे बेहतर कोई रास्ता हो नहीं सकता। उन्हें पढ़ने के बाद से ही मैं उनसे बातचीत करने के अपने प्रयास में कुछ तेज़ी ले आया। आखिरकार दो बरस पहले जामिया मिलिया इस्लामिया विश्वविद्यालय के परिसर में उनकी प्रोफ़ेसर बेटी डॉ. बाराँ फ़ारूक़ी के घर उनसे कुछ दोपहरों में बातचीत हुई। उसके बाद से मैं उनसे कई बार मिल चुका हूँ। उनसे मिलना हर बार मेरे लिए साहित्य और संसार को कुछ और आत्मीय ढंग से जानने का अपूर्व अवसर होता है। जिन पाठकों ने उनके उपन्यास और कहानियाँ पढ़ी हैं, वे यह जानते होंगे कि वे ग़ालिब, मीर, मुसहफी आदि अनेक उर्दू-फ़ारसी लेखकों के न सिर्फ़ श्रेष्ठ अध्येता हैं बल्कि उनके साथ मानो फ़ारूक़ी साहब के दोस्ताना ताल्लुकात हैं। उनकी बातचीत में तमाम शायर, अफ़सानानिगार, उपन्यासकार, अध्येता आदि इस तरह आते-जाते रहते हैं मानो वे फ़ारूक़ी साहब के घर में ही अदृश्य रूप में रह रहे हों और फ़ारूक़ी साहब के बुलाते ही उनकी बातचीत में प्रवेश कर जाते हों। इस पूरी बातचीत के दौरान बाराँ हमारे पास से गुज़रती रहीं पर ख़ुद एक अध्येयता होने के बाद भी उन्होंने हमारी इस बातचीत में कोई दख़लन्दाज़ी नहीं की। वे मुस्कुराती हुई हमारे सामने से गुज़र जातीं और हम बातचीत में लगे रहते : मैं उत्साह में भरा और फ़ारूक़ी साहब थकान के बावजूद अपनी ज़िन्दगी के पन्नों को धीरे-धीरे खोलते रहते।

उदयन वाजपेयी

६ अक्टूबर, २०१८

क्रम

इस बार जब आया हूँ, दिल्ली बदली हुई है। मुझे लम्बे समय तक वह निर्मल वर्मा की कहानियों से पैदा हुई लगती रही थी जिनकी सड़कों पर गर्मियों के दिनों में धूल के बगूले उठते थे, तेज़ धूप से बचने लड़कियाँ दुपट्टों से अपना मुँह छिपाती थीं। सर्दियों के पास आते ही सूखे और पीले पत्ते चारों ओर उड़ते थे, तितीरी धूप में दिन चमकते थे और कोहरे के रेशे नागरिकों को घेरे रहते थे। पर इस बार यह दिल्ली पुरानी जान पड़ रही है, जहाँ हर घर में, हर हवेली में बात-बात पर फ़ारसी के अश्आर उद्धृत हो रहे हैं, जहाँ चारों ओर शुरुआती अँग्रेज़ी शासन के चर्चे चल रहे हैं और यह ख़बर ओस की तरह धीरे-धीरे हर कान पर गिर रही है कि हो सकता है नवाब शम्सुद्दीन को फ़्रेज़र के क़त्ल में फाँसी हो जाय। यह दूसरी दिल्ली ऊपर से दिखती नहीं पर वह है यहीं कहीं, दिल्ली की सिलवटों में छिपी हुई। यह शम्सुर्रहमान फ़ारूक़ी की कहानियों और उपन्यास से पैदा हुई दिल्ली है, जो उन्हीं की जुबान में पहले भी अफ़वाहों का मुख्यालय थी, अब भी है। मैं उनसे ही मिलने दिल्ली आया हूँ। जाना इलाहाबाद था, वे रहते वहीं हैं। पिछले पूरे साल भर से वहीं जाकर उनसे मिलने के मंसूबे बाँधे था। पर इलाहाबाद जाना हर बार टल जाता था। जब

हमने 'समास' का उपन्यास पर अंक निकालने का निश्चय किया, फ़ारूक़ी साहब से बातचीत को प्रकाशित करना ही हमें भारतीय उपन्यास पर कुछ गम्भीर करने जैसा मालूम हुआ। लगा कि अब इलाहाबाद हो ही आऊँगा। मैंने उनकी अपने पढ़ने के कमरे में बैठे हुए तस्वीर देखी थी। वे चारों ओर से किताबों से घिरे बड़ी-सी कुर्सी पर बैठे लेपटॉप पर कुछ लिख रहे थे। मैं इलाहाबाद जाने के रास्ते खोज ही रहा था कि फ़ारूक़ी साहब ने बताया कि वे सितम्बर के आख़िरी हफ़्ते में अपनी बेटी बाराँ के पास दिल्ली आ रहे हैं। उन्होंने मुझसे कहा कि हम दिल्ली में ही गुफ़्तगू कर सकते हैं। बाराँ फ़ारूक़ी जामिया मिलिया विश्वविद्यालय में अँग्रेज़ी पढ़ाती हैं और जामिया के ही परिसर में अपने परिवार के साथ रहती हैं।

मैं दिल्ली पहुँचा और उसे बदला हुआ पाया।

जामिया जाना कठिन नहीं था पर उसकी गलियों से गुज़र कर उस परिसर तक पहुँचना जहाँ बाराँ जी रहती हैं, कठिन लग ज़रूर रहा था, पर था नहीं। मैं सीढ़ियाँ चढ़कर घर के दरवाज़े पर पहुँचा। एक अधेड़ स्त्री ने दरवाज़ा खोल मुझे बाइज़्ज़त कमरे में बैठाया। फ़ारूक़ी साहब शायद ग़ुसल कर रहे थे। मैं उनका इन्तज़ार करने लगा। इसी बीच वही अधेड़ सौम्य स्त्री मेरे सामने पानी का गिलास रख गयी। बाद में मैंने फ़ारूक़ी साहब को उन्हें 'उस्तानी जी' कहते सुना। कुछ देर बाद बाराँ जी की बेटी कमरे में आयीं और मैंने उनके हाथ में मिठाई का पैकेट रख दिया। मुझे वहाँ जाते समय बिलकुल समझ नहीं आ रहा था कि मैं फ़ारूक़ी साहब को क्या भेंट ले जाऊँ। मैं उन्हीं की कहानियों से प्रेरित हो मिठाई लेकर उनके पास पहुँचा था। वे भीतर चली गयीं।

जल्द ही फ़ारूक़ी साहब आ गये। वे सफ़ेद कुर्ता और पायजामा पहिने थे, उनके चेहरे पर मेरे लिए प्रसन्नता बिखरी हुई थी। वे गोरे और ख़ूबसूरत व्यक्ति हैं। वे अब मेरे सामने थे और मैं यह सोचकर रोमांचित था कि यही वह उपन्यासकार है जिसने वज़ीर ख़ानम जैसा अनोखा चरित्र जीवन्त किया है।

वही नहीं, अठारहवीं और उन्नीसवीं सदी की दिल्ली की संस्कृति में भी कुछ इस तरह प्राण फूँके हैं कि कम-से-कम अब मेरे लिए वह कोई और ही शहर हो गया है, जिसमें पालकी में बैठ कर कहीं जाती हुई वज़ीर खानम दिखती हैं, कहीं नवाब शम्सुद्दीन की सवारी पूरी शान से गुज़र रही होती है, कहीं सड़क किनारे अपने दोस्त से गपियाते ग़ालिब की झलक दिखायी देती है। शायद फ़ारूक़ी साहब और आज की दिल्ली के बीच की पगडण्डी पर चल कर ही मैं उनसे मिलने पहुँचा हूँ।

फ़ारूक़ी साहब ने आगे बढ़कर मुझे गले लगाया और लगभग डाँटते हुए कहा, मिठाई लाने की ज़हमत क्यों की, तुम तो घर के व्यक्ति हो। वे कल देर शाम ही अलीगढ़ से लौटे हैं। सफ़र की और कुछ उम्र की हल्की-सी थकान उनके बैठने के ढंग में महसूस हो रही थी पर उन्होंने जैसे ही बोलना शुरू किया, उनकी सारी ऊर्जा मानो किसी छुपे हुए स्रोत से बाहर आकर हमारे बीच बहने लगी।

आपने कहीं लिखा है कि बहुत शुरुआत में आलोचना लिखने से पहले आपने अफ़साने लिखे थे....

ये लड़कपन की बात है। उन दिनों उर्दू अदब में शायरों के अलावा जिन अदीबों का सितारा बुलन्द था, वे अफ़सानानिगार थे। कृश्न चन्दर साहब थे, राजिन्दर सिंह बेदी, इस्मत चुग़ताई थीं। उस वक़्त तक क़ुर्रतुलऐन हैदर भी काफ़ी हद तक सामने आ चुकी थीं। और भी बहुत से लोग थे। ये सब हम लोगों के लिए घरेलू नाम थे। इनके अफ़साने पढ़ना, इनका ज़िक्र करना आम फ़हम था। तब मुझे यही लगा कि अगर आदमी को क़लम घिसनी है तो उसे अफ़साने लिखने चाहिए। उस समय मेरी उम्र आठ-नौ बरस की थी और यह ख़याल तक नहीं था कि लेखन को पेशा बनाया जाय। कभी-कभार एकाध टूटी-फूटी पंक्ति शे'र की लिख ली। जब मैं

आठवीं कक्षा में था, छोटी-सी पत्रिका निकाली। वो पत्रिका तो ख़ैर क्या थी, पुरानी कॉपियों से पन्ने फाड़कर उन्हें जोड़ देते थे और अपने हाथ से उस पर लिखते थे। उसका उनवान तय किया—'गुलिस्तान'। उसमें अपने ही अफ़साने, अपने ही किये अनुवाद और हमारी बहन की लिखी कुछ चीज़ें लिख लिया करते थे। उसे हम ही लोग पढ़ लेते थे। जब मैं थोड़ा बड़ा हुआ, मैंने बाक़ायदा छपने के लिए अफ़साने लिखे।

क्या यह सब कुछ प्रतापगढ़ में हुआ, जहाँ आप पैदा हुए थे?

प्रतापगढ़ में मैं बहुत छोटा था। ये चीज़ें कुछ आज़मगढ़ में और कुछ गोरखपुर में हुई। आज़मगढ़ में हमारे बाप १९३९ में तबादला होकर आ गये थे। तब से १९४८ तक हम आज़मगढ़ में रहे। वहीं गोया हमारे बचपन के गुज़रने के ज़माने रहे। उसके बाद हमारे बाप का तबादला गोरखपुर हो गया। हम वहाँ १९५३ तक रहे। १९५३ तक मैं उन्हीं के साथ गोरखपुर में रहा और बी.ए. करके आगे की पढ़ाई के लिए इलाहाबाद चला आया। ये सारी कहानियाँ जिनका मैं ज़िक्र कर रहा था, दसवीं-ग्यारहवीं और उसके बाद मैंने गोरखपुर में लिखीं। उसके पहले गुलिस्तान वाली कहानियों को छपाने का मैंने कभी नहीं सोचा था। बाद की कहानियों में से कुछ छप गयीं, कुछ नहीं भी। उन दिनों एक छोटा-सा उपन्यास भी लिखा था, जिसका नाम ही बड़ा भयानक था : 'दलदल से बाहर।' वह ५०-५२ पेज का उपन्यास या लम्बी कहानी जैसा कुछ था। इत्तेफ़ाक से वो छप भी गया। उस वक़्त मैं ग्यारहवाँ पास कर बारहवें में आया था। वह मेरठ से निकलने वाली एक पत्रिका 'मयार' में चार किश्तों में छपा था। फिर एक-दो कहानियाँ ऐसी लिखीं जो मेरे शिक्षकों ने बहुत पसन्द कीं और कहा कि ये तो किसी बड़े लेखक की कहानी की तरह मालूम देती हैं। मैं इतना बड़ा गधा था कि मैंने शुक्रिया तक अदा नहीं किया और कहा कि हाँ साहब, ये मेरी लिखी हुई हैं।

उस ज़माने में जवान लेखकों, अगर वे मुसलमान हुए, के सामने दो ही रास्ते थे : या तो आप लेफ़्टिस्ट हो जाइये या जमाएते इस्लामी की ओर चले जाइये। अगर आप हिन्दू हैं तो आप सोशलिस्ट भी हो सकते थे, कांग्रेस भी एक रास्ता था। हमारे खानदान में ज़्यादातर लोग कुर्तुलिन उलेमा के थे जो गोया कांग्रेस का ही एक रूप था। मुस्लिम लीग के

ज़्यादातर लोग पाकिस्तान चले गये। अगर साहित्यिक गतिविधियों के लिए देखा जाय तो न कुर्तुलिन उलेमा काम की थी, न कांग्रेस और न मुस्लिम लीग। साहित्य के लिए या तो आप प्रगतिवाद वालों में जाओ या फिर उस ज़माने में मौदूदी के प्रभाव में जमाएते इस्लामी चल पड़ी थी। वे जवान लोगों से कहते थे कि ज़िन्दगी और मज़हब को एक साथ व्यवस्थित करना चाहिए। उनमें और प्रगतिवादियों में कोई ख़ास अन्तर नहीं था, इतना भर था कि प्रगतिशील लोग सामाजिक क्रान्ति की बात करते थे, वे कहते थे कि अदब की सामाजिक उपयोगिता होना चाहिए और उसे लोगों को इन्क़लाबी प्रोग्राम की जानिब ले जाना चाहिए। इन्क़लाबी प्रोग्राम से उनका मतलब कम्युनिस्ट इन्क़लाब था। जमाएते इस्लामी के लोग कहा करते थे कि चूँकि सारी हुकूमत अल्लाह की है इसलिए अदब भी अल्लाह के लिए ही होना चाहिए। १९५०-५१ में मैं इन दोनों के बीच डोल रहा था। मैं दोनों के जलसों में उठता-बैठता था।

प्रगतिशीलों को उर्दू में तरक़्क़ी पसन्द कहा जाता था...

हाँ, और उसी के असर में जमाएते इस्लामी वाले ख़ुद को, तामीर पसन्द कहा करते थे। मैं दोनों से भागने लगा। मेरे उपन्यास, या उसे जो भी कहिये, को जिस पत्रिका ने छापा था, उसका झुकाव जमाएते इस्लामी की ओर था। मेरा ख़याल है, दूसरे लोग उसे छापते भी नहीं, क्योंकि न उसमें सामाजिक क्रान्ति थी, न प्रगतिशील सुधारवाद की बात थी, न मज़दूर तबक़े का ज़िक्र था। वो जवान लड़के की कहानी थी, जिसे देहात में थोड़ा-सा रोमांस हो जाता है, वो ख़ुद ही उससे भाग लेता है, उसे उसको पूरा करने की हिम्मत ही नहीं है। फिर वह बड़ा होकर पढ़ने जाता है और उसके दिल में कशमकश चलती रहती है। यहीं पर उसकी कहानी ख़त्म हो जाती है। वह ठीक-ठीक तरक़्क़ी पसन्दों के काम की तो थी नहीं क्योंकि उसमें कोई समाधान नहीं था। उन दूसरे लोगों के लिए वह इसलिए ठीक थी क्योंकि उसमें पाप, प्रलोभन और मुक्ति आदि थे। मेरी उस वक़्त बारह-चौदह साल की उम्र थी, मैं क्या पाप जानूँ और क्या मुक्ति। मेरी बनती कहीं भी नहीं थी, न इनसे, न उनसे। मैंने जब जमाएते इस्लामी के लोगों को छोड़ा, मैं एक कहानी पढ़ कर सुना रहा था जिसमें पाप और मुक्ति का चक्कर था। मैं जैसे ही पाप के दृश्य पर आया,

मौलवियों ने कहा, ये आप क्या पढ़ रहे हैं। मैंने कहा कि कहानी पूरी सुन लीजिये फिर आपको मालूम होगा कि क्या हो रहा है। उन्होंने कहा कि नहीं साहब, यह वर्णन तो अश्लील है। मैं बैठ गया और उसके बाद से उनके यहाँ नहीं गया।

> उन दिनों आप कौन-सी पुस्तकें पढ़ा करते थे, कुछ लोगों के नाम तो आपने शुरू में लिये...

अब नाम मुझे याद नहीं आ रहे। लेकिन इन सब विख्यात लोगों का जो भी छपा था, मैंने पढ़ा था। तक़्सीम के पहले राजिन्दर सिंह बेदी साहब की एक-दो पुस्तकें ही छपी थीं। इनका पहला संग्रह 'गरहन' मैंने पढ़ा था, कृश्न चन्दर की 'फूल सुर्ख़ हैं' और एक और किताब मैंने पढ़ी थी। उसी ज़माने में देश का बटवारा हो गया। मण्टो साहब की कहानियाँ पढ़ीं। इस्मत चुग़ताई का उपन्यास 'टेढ़ी लकीर' मैंने उसी समय पढ़ा था। ऐसा था कि जो हाथ आये, उसे पढ़ डालने का जज़्बा था। उन दिनों उर्दू के प्रसिद्ध और अँग्रेज़ी के भी बहुत-से जासूसी उपन्यास पढ़ डाले।

बटवारे के बाद उर्दू अदब में, और मेरा ख़याल है हिन्दी में भी, बटवारे का सब लोगों को बुख़ार-सा आ गया था।

उसमें सभी लोग मारो-काटो लिखा करते थे। इस बारे में बहुत बढ़िया बात हसन असकरी ने कही है कि इस साहित्य में कोई दृष्टि नज़र नहीं आती, अगर वे लोग चार हिन्दू मारते हैं तो चार मुसलमान भी मार देते हैं। इनमें हिसाब-किताब चलता है। अगर कोई दिखाना चाहता कि मानवीय त्रासदी हुई है तो उसके आयाम इस क़िस्म के अदब में नज़र नहीं आते, अगर इन्सानियत पर कोई अत्याचार हो रहा है, उसके आयाम भी दिखायी नहीं पड़ते क्योंकि इस साहित्य में सन्तुलन दिखाया जा रहा था। वे अख़बारी रपटों जैसी थीं। किसी को ठेस न पहुँचे इसलिए दूसरी तरफ़ के लोगों को भी मार दिया जाता था। वे अफ़साने मैंने बहुत सारे पढ़े। जिस उपन्यास से मैं सबसे ज़्यादा उलझा और जिसे मैंने अधूरा छोड़ दिया, वो था रामानन्द सागर साहब का 'और इन्सान मर गया'। यह सन् १९५१ का उपन्यास था, ख़ूब लम्बा चौड़ा था। उन दिनों कई लोगों ने इस तरह के उपन्यास और कहानियाँ लिखी थीं। कृश्न चन्दर ने बहुत लिखा लेकिन

सागर साहब के उपन्यास में अत्याचार और ख़ून-ख़राबे की हद थी कि आधा पढ़कर मैंने उसे छोड़ दिया।

क्या ये रामानन्द सागर वही हैं, जो बाद के वर्षों में बहुत ख़राब और बाज़ारू फ़िल्में बनाते थे?

हाँ। पर उन दिनों वे प्रगतिशील हुआ करते थे। बहरहाल, उन दिनों मुझे यह लगा कि मैं क्या लिखूँ? अगर मुझे समाजवादी क्रान्ति लानी होती तो मैं चार इधर के लोग मारता, चार उधर के। ये मेरी समझ के बाहर था कि मैं नारा लगाऊँ या न लगाऊँ? उन्हीं दिनों कृश्न चन्दर साहब का एक छोटा-सा उपन्यास आया था, 'रक्खेजागे', जिसमें गोर्की के 'माँ' की तरह की चरित्र लम्बी यातना से गुज़रती है पर वह मजबूत व्यक्तित्व वाली है, वो क्रान्तिकारियों की ख़ुद को दाँव पर लगाकर मदद करती है। मैं उसे पढ़कर बहुत ऊबा। मैंने सोचा, ये क्या बात हुई, यहाँ तो हर चीज़ या तो काली है या सफ़ेद। उनका दूसरा उपन्यास 'शिकस्त' कश्मीर की पृष्ठभूमि पर था। वह मुझे बेहतर लगा था पर उसमें रोमांस कुछ ज़्यादा था, शायरी बहुत थी, मुझे उसमें समाजवादी क्रान्ति जैसा कुछ नज़र नहीं आया था। उस ज़माने में उपेन्द्रनाथ अश्क साहब का उपन्यास 'सितारों के खेल' बड़ा मशहूर हुआ था। वे पहले उर्दू में लिखते थे, जैसा कि तुम जानते होगे। मैं उसे पढ़कर प्रभावित हुआ। वह बड़ी ताक़तवर कहानी थी। ज़िन्दगी जो आदमी के साथ खेल खेलती है, जिसे लीला कहते हैं, वह भगवान की हो या जिस किसी की, वह उसमें थी। लेकिन वह उपन्यास कहीं पहुँच नहीं रहा था, यह उसकी ख़ास बात थी। उसमें इन्सानी ड्रामा था। उन दिनों मुझे कोई चीज़ पसन्द नहीं आ रही थी।

बटवारे का आपका अपना या आपके परिवार के किसी सदस्य का क्या कोई अनुभव था?

यह इत्तेफ़ाक ही है कि मेरे खानदान पर बटवारे का असर कम पड़ा। हमारे लोगों ने सन् ७१ में ज़्यादा दुःख उठाये क्योंकि कुछ लोग यहाँ से बंगाल चले गये थे, उनमें से कुछ मरे भी और कुछ लुट गये। सन् ४७ में हम लोग पूर्वी उत्तर प्रदेश में थे। हमारे क़रीबी लोग ग़ाज़ीपुर, आज़मगढ़, बनारस,

बलिया, गोरखपुर और बस्ती आदि जगहों पर थे। इनमें से कुछ लोग पाकिस्तान गये ज़रूर लेकिन मेरे घर का और बिल्कुल क़रीब का कोई नहीं गया। मेरे नाना मुस्लिम लीग के बड़े नेताओं में थे, वे बनारस के विधायक थे लेकिन वे भी नहीं गये। हमारे बाप के जाने का सवाल ही नहीं था। हमारे चचेरे-ममेरे भाइयों में से कुछ गये। बाद के बरसों में मेरी बहनों की शादी वहाँ ज़रूर हुई। उन्हें यहाँ मुश्किल से आने को मिलता है। उनसे मुलाक़ातें कम हो गयीं। अब तो और भी बहुत कम हो गयी।

वे आपसे छोटी थीं ?

मुझसे बड़ी थीं। बेटों में मैं बड़ा था, बहनें मुझसे दो बड़ी थीं। बटवारे की पीड़ा मुझे धीरे-धीरे पता चली। शायद इसलिए मैं बटवारे के दिनों के उस साहित्य से उतना प्रभावित नहीं हो पाया था जिसकी कमज़ोरी असकरी ने पकड़ ली थी। उस समय मैं यह समझ ही नहीं पाया था कि वास्तविक खोना या विस्थापन किसे कहते हैं, जड़ से उखड़ जाने का दर्द क्या होता है, जैसे इन्तज़ार हुसैन ने महसूस किया। वे बटवारे के समय तक एम.ए. पास कर चुके थे और बौद्धिक परिवेश में रह भी रहे थे। मुस्लिम लीग की उठान अलीगढ़ में बेइन्तिहा थी। मोहम्मद हसन असकरी पहले मुस्लिम लीग में मज़बूती से थे पर बाद में उसके पाकिस्तान बनाने के ख़िलाफ़ हो गये। पर ख़ुद चले भी गये और इन्तज़ार हुसैन को बुला भी लिया। ज़ाहिर है, वे मुझसे बहुत बड़े थे। मैं नवीं कक्षा में था और मुझे खोने की उतनी गहरी और विस्तृत समझ नहीं थी। मुझे उन दिनों का पागलपन भर याद है : 'सीने पर गोली खायेंगे, पाकिस्तान बनायेंगे' और 'मुसलमाँ की किश्ती जिन्ना की बदौलत, ख़ुदा के सहारे चली जा रही है किनारे किनारे।' ये सब जो हो रहा था उस बारे में किसी को पता नहीं था कि इसकी वास्तविकता क्या होगी। इसका अन्दाज़ किसी को नहीं था कि इस वास्तविकता में छुपी कितनी ही चीज़ें धीरे-धीरे खुलेंगी। यह एहसास जिन्ना को नहीं था और शायद नेहरू को भी। अगर होता, वे बटवारे के लिए राज़ी नहीं होते। यह सब मुझे बहुत बाद में समझ आया। उस समय मेरे लिए इतना भर था कि मैं अपनी बहनों से जुदा हो गया। मैं उन दोनों के बहुत क़रीब था, उनमें से बड़ी मेरी पत्रिका में लिखती भी थीं। मैंने व्यक्तिगत स्तर पर उन्हें खोया लेकिन मुझ पर बड़े स्तर पर बिछोह,

विस्थापन का असर नहीं हुआ।

क्या यह असर उस इलाक़े में ही बहुत कम हुआ था?

ये बात ठीक है कि बटवारे का असर उस इलाक़े में बहुत कम था। उन दिनों पूर्वी उत्तर प्रदेश के उन लोगों से मैं प्रभावित था, जिनके नाम स्वतन्त्रता आन्दोलन के दौर में मेरे कानों में पड़ते रहते थे। हमारा आज़मगढ़ ज़िला उसमें शामिल था, पास का बलिया भी जो आर्यसमाजी था। मुझे याद है कि १९४२ के दिनों में हमारे बाप आज़मगढ़ में थे और उन्होंने हमें बनारस भेज दिया था, जब वे हमें वहाँ से लाने आज़मगढ़ से चले, उन्हें कोई भी साधन नहीं मिला, रेलगाड़ियाँ बन्द थीं, बसें मिल नहीं रही थीं। उन्हें बनारस पहुँचने में कई दिन लग गये। इस बीच घर में रोना-धोना शुरू हो गया। इस सबसे मुझे यह तो लगा कि अँग्रेज़ों के ख़िलाफ़ कुछ हो रहा है पर इससे मुझे चोट नहीं पहुँची। अँग्रेज़ की मेरे दिमाग़ में यह छवि थी कि यह हमारा आदमी नहीं है। मुझे दो घटनाएँ और याद हैं। एक तो यही कि ४२ के आन्दोलन के बाद जब सब शान्त हुआ, हमारे बाप के साथ काम करने वाले देहात के एक शिक्षक हमारे यहाँ आये, वे बताने लगे कि अँग्रेज़ों ने उनके गाँव के आसपास के गाँवों में कैसा अत्याचार किया है, कि उन्होंने वहाँ के सारे घरों में आग लगा दी, क्योंकि उनमें एक घर वसुधा सिंह का ऐसा था, जो ४२ के आन्दोलन में शामिल था।

अँग्रेज़ों का सज़ा देने का ढंग यह था कि सारी बस्ती में आग लगा दो। जैसा कि बाद के दिनों में रूसियों ने अफ़ग़ानिस्तान में किया। इसका मुझ पर बहुत गहरा असर हुआ कि ये साला पराया आदमी हमारी बस्तियाँ जला देता है। दूसरा वाकया भी उसी समय का है, ४१-४२ में दूसरा विश्वयुद्ध चल रहा था। आज़मगढ़ शहर के बाहर मेला लगता था (उन दिनों बहुत मेले लगते थे)। हम भी अपनी उम्र से बड़े चचेरे भाइयों के साथ वहाँ गये। मेला वैसा ही था, जैसा होता है : चरखी चल रही है, मलाई बिक रही है, लोग पूरियाँ ख़रीद रहे हैं। कुछ वक़्त वहीं घूमते हुए बीत गया। किसी ने कहा, 'चलें।' इस पर किसी और ने कहा, 'अभी रुक जाओ, एस. पी. आ रहा है, उसको देखकर चलेंगे।' थोड़ी देर बाद घोड़े पर सवार दो सिपाहियों के साथ अँग्रेज़ पोशाक पहने वह एस.पी. तशरीफ़ लाया। 'हटो, बचो', ऐसी आवाज़ें आने लगीं। हमारे साथ के किसी ने

एक जुमला कहा, वो मुझे अभी भी याद है, 'एस. पी. लौण्डा है।' यह सुनकर मुझे बहुत मज़ा आया। मेरे दिमाग़ में दो-तीन बातें आयीं। हालाँकि तब मैं सात बरस का था। पहली ये कि यह बचाव की नीति है, यह उसके सामने अपनी क़िलेबन्दी करने जैसा था। और दूसरी यह कि हम भी ऐसा बन सकते हैं अगर बनना चाहें। और तीसरी यह कि उसका बड़ा भारी जलवा है कि हम उसे देखने रुके रहे। यह भी था कि वह घोड़े पर सवार बिल्कुल अजनबी लग रहा था और वह न दायें देख रहा था न बायें। इन बातों ने मिलकर मेरे दिल पर विदेशी मौजूदगी की जटिल छवि पैदा की। ये सब बातें ४२-४३ तक दिमाग़ में आने लगी थीं। लेकिन ज़्यादा बड़ी तस्वीर सामने नहीं थी। जब मैं लिखने बैठा, मैंने अपने तईं पाप-मुक्ति, औरत-मर्द आदि के प्रश्न हल कर लिए थे, पर मुझे न तरक़्क़ी पसन्दों से, न जमाएते इस्लामी के लोगों से पाप से जूझने का रास्ता मिला। तरक़्क़ी पसन्दों का रास्ता अतिशयोक्तिपूर्ण था और मेरे लिए असहनीय। उनकी किताबों में लोग सिर्फ़ मर रहे होते थे। ख़ून बह रहा है वग़ैरह। सन् ५६ में खुशवन्त सिंह साहब का उपन्यास 'ट्रेन टू पाकिस्तान' आया। उसमें भी वही सब था। कृश्न चन्दर की भी 'पेशावर एक्सप्रेस' समेत ऐसी अनेक कहानियाँ थीं। इन सबको पढ़कर सिर्फ़ जुगुप्सा होती थी। दिमाग़ में आता था कि ये क्या हो रहा है, बच्चों को ज़िबह कर रहे हैं, गला काट रहे हैं, चिल्लाये जा रहे हैं, मानो कोई हत्यारी मशीन लगी हुई है। न तो लेखक को समझ में आ रहा है कि मैं इस सबको चित्रित कैसे करूँ और न पाठक को कि इन किताबों से मैं क्या दृष्टि हासिल करूँ। मुझे रास्ता मिला शेक्सपियर पढ़कर।

तब तक आप बी. ए. में आ गये थे और अँग्रेज़ी साहित्य पढ़ रहे थे?

मैं अँग्रेज़ी साहित्य पढ़ रहा था। मुझे पढ़ने का शौक़ तो था ही। बहुत सारा मैंने पढ़ रखा था। बहुत-सी शायरी और उपन्यास। टॉमस हार्डी को मैंने बहुत पढ़ा था। हार्डी से मुझे कोई सीख तो नहीं मिली लेकिन ये मालूम हुआ कि दुनिया में बहुत दुःख है। उस दुःख को लिखना भी एक तरह का सत्कर्म है। उनके उपन्यास 'तेस ऑफ़ डोबर विले' में शुरुआती सूक्ति शेक्सपियर के नाटक से थी : 'एज़ फ्लाइज़ टू वाण्टन ब्यावज़, आर वी

टू गाड्स, दे किल अस फ़ॉर देयर स्पोर्ट।' उपन्यास का आख़िरी जुमला भी मुझे अभी तक याद है, 'द प्रेसीडेण्ट ऑफ़ द इम्मार्टल्स इन एस्केलियन फ्रेज़ हेड एण्डेड हिज़ स्पोर्ट विद तेस।' इतनी अक़्ल मुझे थी कि समझ सकूँ कि 'प्रेसीडेण्ट ऑफ़ ए मॉर्टल' जीएस है, एस्केलिस के बारे में मुझे नहीं पता था लेकिन यह सोचा होगा कि ये भी कोई शायर-वायर रहा होगा। इस उपन्यास को पढ़े मुझे साठ बरस हो रहे हैं पर वह जुमला कि 'ही एण्डेड इट्स स्पोर्ट विद तेस' मेरे दिल पर अब तक लिखा हुआ है। हार्डी ने मुझे यह ज़रूर सिखाया कि इन्सानी दुःख-दर्द को कैसे दर्शाया जाता है। उससे मुझे यह भी समझ आया कि 'ट्रेन टू पाकिस्तान', 'पेशावर एक्सप्रेस', 'फूल सुर्ख़ हैं', 'जब खेत जागे', 'और इन्सान मर गया' में जो इन्सानी पीड़ा चित्रित हुई है, वह यान्त्रिक है। उसको पढ़कर यह लग रहा है कि लेखक उसे ख़ुद नहीं सह रहा है। वह सिर्फ़ तुम्हें बता रहा है कि देखो यह हो गया। वह उस दर्द से इतना दूर है कि वह न तो उसमें शरीक है न वह जानता है कि शरीक होने वालों पर क्या गुज़र रही है।

इण्टर में शेक्सपियर का एक नाटक 'जूलियस सीज़र' पाठ्यक्रम में था। मुझे वह जुबानी याद हो गया था। अब तक बहुत सारा याद है। मुझे वह बहुत बड़ा नाटक लगा। मुझे उसकी अक़्लमन्दी, शायरी का जज़ूर आदि सब ऊँचे दर्ज़े के जान पड़े। मुझे उसमें कोई चीज़ ऐसी लगी ही नहीं कि मैं कह सकूँ कि यह आदमी यहाँ कमतर है। केशियस जब यह कहता है, 'अवर फ़ाल्ट हीयर इज नॉट इन अवर स्टॉक, बट इन अवर सेल्वस देट वी आर अण्डर लिंक्स'। इससे मुझे हिन्दुस्तान की हालत समझ में आ गयी। हम जो ग़ुलाम हैं, अपनी वज़ह से हैं। यह अल्लाह मियाँ के यहाँ बैठा कोई तारा-वारा नहीं है। हमीं लिखते, हमीं बिगाड़ते हैं। मुझे उस नाटक के कई जुमले याद थे। हालाँकि तब मेरी उम्र ही क्या थी, चौदह बरस, पर मेरी अँग्रेज़ी अच्छी थी। अल्लाह मेरे बाप को जन्नत में जगह दे, उन्होंने मार-मार कर अँग्रेज़ी ख़ूब पढ़ाई। मुझे जुबानों का शौक़ भी था। उर्दू का, फ़ारसी का, हिन्दी भी बहुत सारी पढ़ी थी। अँग्रेज़ी मेरा शौक़ था, वो भी इसलिए कि हम ग़ुलाम हिन्दुस्तान में पैदा हुए थे। अँग्रेज़ी साहबों की जुबान थी। हमारे पूरे खानदान के लोग छोटे-बड़े सरकारी मुलाज़िम थे। कुछ बड़े और ज़्यादातर छोटे। उनकी यही महत्त्वाकांक्षा थी कि मेरा बेटा भी आई. सी. एस. या आई. ए. एस. होगा, सिविल सर्विसेस के

इम्तिहान में बैठेगा और उसके लिए अँग्रेज़ी ज़रूरी थी। इसलिए भी अँग्रेज़ी पर बड़ा ज़ोर था। वह हमारे लिए नक्षत्र थी कि उस ओर देखते रहे। इण्टर तक आते-आते मेरी अँग्रेज़ी बड़ी अच्छी हो गयी थी। बी. ए. में मुझे एक साहब ने शेक्सपियर की संकलित रचनाओं की पुरानी-सी किताब दे दी थी। उसके शुरू और आख़िर के पन्ने फटे हुए थे लेकिन अन्दर सब सही था। उसमें बहुत महीन लिखा हुआ था और मेरी आँखें कमज़ोर थीं। अब तो ख़ैर मैं उसे पढ़ ही नहीं सकता। तब मैं उसे पढ़ पाया था। उस वक़्त हमारी अक़्ल ही कितनी थी कि शेक्सपियर साहब की अँग्रेज़ी समझते। तब तक मैंने कोर्स में शेक्सपियर के एक या दो नाटक पढ़ रखे थे। बहरहाल, मैंने अपनी सारी अक़्ल शेक्सपियर को पढ़ने में लगा दी। गर्मियों की छुट्टियों में लालटेन की रोशनी में देहात में बैठकर मैंने उनके बीस-पच्चीस नाटक पढ़ डाले। इससे मेरी खोपड़ी खुल गयी। एक बात मेरी समझ में आ गयी कि इस तरह का लेखक न तरक़्क़ी पसन्दों में जायेगा न मुल्लों में। मैं इसी के साथ हूँ। ये मेरी ज़िन्दगी की सबसे बड़ी खोज थी।

आपके बचपन में कई ऐतिहासिक घटनाएँ घट रही थीं। जैसे सन् १९४२ का भारत छोड़ो आन्दोलन। वह आपका शायद पहला बड़ा अनुभव रहा होगा।

मेरा पहला बड़ा अनुभव १९४२ के आन्दोलन का था, वह सब जो मैंने सुना और देखा और जो कुछ अँग्रेज़ों का मेरा अनुभव था, मेरे शहर में युद्ध और अँग्रेज़ी राज का अनुभव। पर वो सब उस ज़माने में लगातार होता था। जब मैं पाँच साल की उम्र में पढ़ने गया, लड़ाई शुरू हो गयी थी। उस उम्र में ही मुझे यह समझ आ गया कि हिटलर क्या होता है और स्तालिन क्या होता है।

क्या उन जगहों पर भी इनकी ख़बरें आया करती थीं?

रेडियो पर, जो हमारे शहर में एकाध ही था पर ख़बरें अख़बारों में आती थीं।

क्या उन दिनों आपके शहर में हिटलर या स्तालिन आदि के बारे में लोगों में बातचीत भी होती थी?

होती थी लेकिन अँग्रेज़ों की नज़र से होती थी। मुझे यह याद है कि जब ट्यूनिशिया की फतेह हुई, अँग्रेज़ों के हुकुम से गाँव में मिठाई बाँटी गयी, जुलूस निकाला गया। उसमें हमारे घर के लोग भी शामिल थे। लोगों को सिर्फ़ इतना मालूम था कि अँग्रेज़ जीत गये। किसी को ये क्या पता था कि ट्यूनिशिया कहाँ है, गोरखपुर में है या आज़मगढ़ में है या अफ़्रीका में? होगा कहीं। लेकिन अँग्रेज़ बहादुर कोई बड़ी लड़ाई जीत गया है, इसलिए मिठाई बाँटी जा रही है। वह सब मेरा पहला बड़ा ऐसा अनुभव था जो लगातार घट रहा था, जीवन का, युद्ध का, ग़रीबी का, बयालीस के आन्दोलन का।

आपकी दूसरी खोज क्या थी?

मेरी दूसरी बड़ी खोज जिसने मेरे अन्तस को समृद्ध किया, हार्डी के उपन्यास थे। तब तक कृश्न चन्दर, बेदी और मण्टो मेरे माई-बाप थे, जिनके प्रभाव में मैंने कहानी लिखना शुरू किया था लेकिन ये लोग मेरे अन्दर गये नहीं क्योंकि मैं देख रहा था कि इनके यहाँ अच्छा आदमी अच्छा है, बुरा बुरा, दुनिया में ख़ून बह रहा है और तीसरा पक्ष है ही नहीं। लेकिन टॉमस हार्डी इससे अलग था। वह मेरा दूसरा बड़ा अनुभव था।

उनका उपन्यास टेस?

ख़ासकर तेस लेकिन उनके सारे उपन्यास। मैंने अपनी आत्मकथात्मक टिप्पणी में लिखा है कि हार्डी के चार सौ, साढ़े चार सौ पन्नों के उपन्यास देखकर मेरा दिल बैठ जाता था कि मैं इन्हें कैसे ख़त्म करूँगा और ख़त्म होते-होते यह अफ़सोस होता था कि यह और लम्बा क्यूँ न हुआ।

मेरे बचपन के घर के अनुभव बहुत पीड़ादायक थे, जिनका ज़िक्र करने से अब कोई फ़ायदा नहीं है। लेकिन बाहर के अनुभव जैसे स्वतन्त्रता आन्दोलन के, १९४२ के अँग्रेज़ी साम्राज्य की मुख़ालफ़त और बटवारे वग़ैरह के अभी भी साथ हैं। उन्होंने मेरे साहित्यिक या बौद्धिक या आध्यात्मिक जीवन में कोई न कोई जगह ज़रूर बनायी होगी। उनकी जगह यादों में ज़रूर है। उनसे मेरी ज़िन्दगी में कोई न कोई रंग भूरे, काले या नीले ज़रूर आये हैं। लेकिन चीज़ें की कैसे जाती हैं और ज़िन्दगी को

कैसे एंगेज करो, कैसे उसका सामना करो, यह मैंने हार्डी से सीखा। वह बताता है कि दुःख बहुत है लेकिन दुःख को बयान करने का भी एक तरीक़ा हुआ करता है, ये वह तरीक़ा नहीं है जो रामानन्द सागर या कृश्न चन्दर या मण्टो के यहाँ नज़र आता है। कुछ और तरीक़ा भी हो सकता है। लेकिन मेरी सबसे बड़ी और तीसरी खोज जो मेरे साथ अब तक है, शेक्सपियर है। उसने मुझे दिखाया कि दादा, दुनिया बहुत ही बड़ी है और उतनी बड़ी दुनिया को छोटे-छोटे खानों जैसे अच्छा-बुरा, सीधा-टेढ़ा, मुसलमान-हिन्दू, मजहब-धर्म, अल्लाह मियाँ-भगवान मियाँ और क्राइस्ट मियाँ में नहीं बाँट सकते। उसे पढ़ने और समझने से मेरी आन्तरिक ज़िन्दगी में फ़र्क़ आया। उसमें बहुत सारी चीज़ें बढ़ीं जैसे दुःख बढ़ा, खोने की अनुभूति बढ़ी, सारे ब्रह्माण्ड की अर्थहीनता की अनुभूति बढ़ी। ज़िन्दगी को समझने और बनाने के लिए शेक्सपियर ने मुझे तैयार किया। मेरी अपनी बौद्धिक और साहित्यिक ज़िन्दगी को बनाने में भी। मैं यह समझ गया कि मैं तरक़्क़ी पसन्दों के साथ चल सकता हूँ न जमाएते इस्लामी के संग, जो लेखक की क़लम पकड़कर कहते हैं कि तू ऐसे लिख या वैसे लिख। मैं जो भी करूँगा, अपने दिल के कहने से करूँगा। कभी दिल में आयेगा तो उनकी बात भी कह दूँगा लेकिन उनके कहने पर नहीं करूँगा, अगर कहूँगा अपने कहने पर ही कहूँगा।

आप यह बात १९५० के आसपास की कर रहे हैं। तब तक क्या आप एम. ए. में दाख़िला ले चुके थे?

यह सन् १९५१-५२ की बात है, जब मैंने शेक्सपियर को पढ़ा। मैं बी. ए. के पहले साल का इम्तिहान दे चुका था और दूसरे साल में जाने का इन्तज़ार कर रहा था। शेक्सपियर साहब से मेरी सही मायने में जान-पहचान इन दो बरसों में हुई। बल्कि इनसे जुड़ी गर्मियों की छुट्टियों में। उस बरस की छुट्टियों में बड़ी अच्छी तरह से पहचान हुई, अपने गाँव में। उस वक़्त तक मेरे बड़े बाप लोग ज़िन्दा थे और वहीं रहा करते थे। अपने दादा के ज़माने में हम सभी लोग गर्मियों में गाँव जाया करते थे। सबकी छुट्टियाँ हो जाती थीं और हमारे बाप छुट्टी लेकर आ जाते थे। बाक़ी लोग शिक्षक थे, उनकी छुट्टियाँ उन दिनों हो ही जाती थीं। लड़कपन में हमारी हर गर्मी वहाँ गुज़रती थी। १९५२ में मेरी बड़ी बहन की शादी होनी थी, उस वजह

से भी हमारी गर्मियों की छुट्टियों वहाँ बीतीं। उन दिनों सारे बड़े बाप लोग जमा थे। हमारे बाप सबसे छोटे थे। इस तरह एक पूरी गर्मी शादी की वजह से और वहाँ लोगों के जमा होने के कारण मिल गयी। गाँव में कोई और काम था भी नहीं। किताब थी शेक्सपियर की, लालटेन थी और मैं था कमरे में बैठा हुआ।

> आपके जो चचेरे-ममेरे भाई भी वहाँ आते होंगे, उनकी आपकी पढ़ाई के विषय में कोई राय ज़रूर होती होगी। वे शायद सोचते रहे होंगे कि आप वक़्त ज़ाया कर रहे हैं...

मेरे साथ नुक़्सान और साथ ही फ़ायदा यह था कि मैं सबसे छोटा था। फ़ायदा यह कि लोग मुझसे कुछ कहते नहीं थे और नुक़्सान यह कि छोटे होने के कारण मैं खेलकूद में शरीक नहीं हो पाता था। मेरे बाप अपने बड़े भाइयों से बहुत ही ज़्यादा छोटे थे, अगरचे मैं उनका सबसे बड़ा बेटा ही था, तब भी मेरे बड़े बापों के बच्चे मेरे बाप की उम्र के थे। गोया मेरे चचेरे भाई मेरे पिता के नज़दीक ज़्यादा थे। दौड़ने-भागने और कूदने में न तो मेरी रुचि थी न मेरे बदन में उतनी ताक़त थी। मुझसे न गिल्ली-डण्डा खेला जाता था, न मैं पेड़ पर चढ़कर आम तोड़ ला सकता था, न दौड़ लगा सकता था। ये सब हमसे बनता ही नहीं था और न उन्होंने हमें इसके क़ाबिल समझा। वो लोग मुझसे कुछ पूछते-वूछते नहीं थे। लेकिन एक बात मैं आपको बता दूँ जिससे आपको हँसी आयेगी कि आम तौर पर लोग मुझे फ़लसफ़ी कहते थे। 'ये साला फ़लसफ़ी, इसको दूर रखो, ये सब इसके बस का नहीं है।' मैं अपने कमरे में बन्द रहता था। उस ज़माने में न कहीं बिजली थी, न पंखा था, लेकिन हमारे लिए वही बहुत था।

एम. ए. करने मैं इलाहाबाद चला गया। १९५३ में वहाँ पहुँचा। बाप हमारे कहा करते थे कि अब बहुत पढ़ लिये हो, बी. ए. कर लिया है, मैंने फलाँ से बात कर ली है, वहाँ चले जाओ, काम मिल जायेगा। स्कूल में मास्टर बन जाना। मैंने कहा, मुझे पढ़ना है। वे बोले, इतने बहुत-से और भाई-बहन हैं, उन्हें भी पढ़ाना है, अब जाओ, कुछ काम करो, कुछ हम लोगों की मदद करो। मैं माना नहीं और इलाहाबाद चला आया। दु:ख के दिन पहले भी थे, ये कुछ ज़्यादा दु:ख के दिन निकले। अकेले रहना था और

बाप की ओर से मदद कम थी। बीस-बाइस रुपया महीना कभी आया, कभी नहीं आया।

क्या आप उन दिनों ट्यूशन वग़ैरह करते थे?

हमने ट्यूशन पढ़ायी। दो-तीन जगह। दूर के रिश्तेदार के घर कमरा किराये पर लेकर दो साल रहा। कुछ दिन होटल में खाना खाया लेकिन वो चला नहीं। फिर पास में हमारे एक दोस्त रहते थे, जो अब मर गये हैं, उनके घर खाना खाता था। आमतौर पर वे मुश्किल दिन थे। मेरे पास साइकिल नहीं थी, मेरे कज़िन ने मुझे पुरानी साइकिल दे दी थी, जो बाद में चोरी हो गयी। विश्वविद्यालय दूर बहुत था। या तो रिक्शे में जाओ या पैदल। मुझे इतनी न इफ़राहत थी और न इतना शौक़। पढ़ने का ही शौक़ था, किताबें ख़रीदने का, जितनी ख़रीद सको।

क्या उन दिनों इलाहाबाद में आपकी कोई मित्र मण्डली थी, जिनसे आप बात करते हो?

अँग्रेज़ी का एक अच्छा फ्रेज़ है, इण्डस्ट्रियल दोस्ती, वह बहुत थी। लेकिन किसी से दूर तक चला हो, ऐसा दोस्ताना नहीं था। इस वक़्त भी इलाहाबाद में ऐसे कई लोग हैं, जो मेरे साथ एम. ए. में थे, वे कभी-कभी मिल जायँ तो मिल जायँ। उनमें से दो अँग्रेज़ी के प्रोफ़ेसर हैं, उनसे साल में एकाध बार मुलाक़ात हो जाती है। मेरी देर तक टिकने वाली दोस्ती किसी से नहीं बनी। मेरे पास फ़ुर्सत भी नहीं थी।

क्या वहाँ कोई साहित्यिक मण्डली थी?

मेरी नहीं थी। ज़ाहिर है इलाहाबाद में उस वक़्त बड़े लोग थे। हिन्दी के तो ख़ैर पूछो ही क्या! उर्दू के लोग भी मौजूद थे। मेरे कमरे के आसपास के हमारी तरह के मध्यवर्ग और निम्न मध्यवर्ग के लड़के जो कम या न पढ़ने वाले थे, उनमें से एकाध से दोस्ती हुई। उनमें एक मेरे साथ का था, मुझसे एक दर्जा नीचे पढ़ने वाला, वाणिज्य पढ़ता था, वह पाकिस्तान चला गया। वह बड़ा आदमी बन गया है, आजकल अमरीका में हैं। उससे दोस्ती अब भी है। लेकिन ऐसी दोस्ती जो मेरे लिए कोई ख़ास जगह रखती हो,

नहीं बनी। ये सारे लड़के मुझे बौद्धिक रूप से अधिक सक्षम समझते थे। मैं पढ़ने में तेज़ था और मेरी अँग्रेज़ी अच्छी थी इसलिए उनसे मेरा छोटे-बड़े का रिश्ता था, बराबरी का नहीं। ऐसा रिश्ता नहीं था कि मुसीबत के वक़्त मैं उनकी ओर देखता या उनके कन्धे पर सिर रखकर रोता।

उसके लिए आप अकेले थे?

एकाध लोग थे। जैसे तुफ़ैल, जिसका मैंने ज़िक्र किया, वह अपने बाप के साथ पाकिस्तान चला गया। एक साहब और थे, जो इतिहास पढ़ाया करते थे, उनको उर्दू का बहुत शौक़ था, उनसे मिलना-जुलना था। उनसे भी मैं अपनी बातें साझा नहीं कर पाता था। अकेलेपन की ज़िन्दगी मेरी शुरू से थी। उससे मुझे चोट नहीं पहुँची थी, पर अब ख़याल आता है कि एकाध दोस्ती रही होती तो अच्छा था। इण्टर के ज़माने के दोस्त अबरार साहब अब हैं पर वे बी. ए. करके अलीगढ़ चले गये। वहाँ पढ़कर वे अपने गाँव चले गये और अभी हैं। उनसे ख़तो किताबत रही। वही एक लम्बी दोस्ती थी। मेरा ही स्वभाव कुछ ऐसा है कि दूरियाँ बन जाती हैं। मैं इन बातों पर अब ग़ौर करता हूँ। मैं इक्यासी बरस का हो गया। मुझे पिछले पचहत्तर बरस की अपनी बहुत-सी बातें याद हैं, बचपन की दोस्ती से लेकर अब तक की। मैंने यही देखा कि मैं किसी के बहुत क़रीब नहीं आ सका। यह मेरी ही कोई कमज़ोरी होगी कि मैं वैसा क़रीबी नहीं बन सका जैसा कहानियों में या शायरी में देखता हूँ। यह भी देखा मैंने कि बहुत-से लोगों से दोस्ती हुई फिर किसी वजह से अलगाव हो गया। या फिर गोया मुलाक़ात है पर ऐसी ही है, 'आप कैसे हैं' क़िस्म की। तीन दोस्त मेरे बने। एक अबरार खान साहब हैं, जो ख़ुद भी शायर हैं, मुझसे उम्र में एकाध साल बड़े भी होंगे। वे मेरे मुक़ाबले में ज़्यादा ज़ईफ़ हैं लेकिन पढ़ते रहते हैं। जागरूक हैं और जमाएते इस्लामी का थोड़ा-सा असर अभी बाक़ी है, लेकिन वह नुक़सानदेह नहीं है। उससे मुझे क्या मतलब है, औरतों के बारे में तुम्हारी दृष्टि क्या है, वो होगी, मुझे मालूम ही है कि आपकी दृष्टि क्या है और मेरी दृष्टि क्या है। मेरी दृष्टि विकसित हो गयी, आपकी न हुई होगी। मुझे कौन तलवार लेकर आपसे लड़ना है! एक हैं नैय्यर मसऊद साहब, वे जिनके बारे में तुम्हारी पत्रिका में लिखा है कि वे उर्दू के सबसे बड़े अफ़साना निगार हैं। वे वाकई हैं भी। इनसे मेरी दोस्ती बाद में हुई पर

हुई बहुत।

क्या वे भी इलाहाबाद में पढ़े हैं?

ये इलाहाबाद में पढ़े थे। ये लखनऊ के हैं और इन्होंने दो पी-एच. डी. की हैं, एक इलाहाबाद से और एक लखनऊ से।

वे आपसे उम्र में बड़े होंगे?

कम से कम सरकारी हिसाब से बराबर के हैं। उनकी भी पैदाइश मेरी तरह ही सन् छत्तीस लिखी हुई है। मेरी उम्र एक साल कम लिखी है, उनकी भी ऐसी ही होगी। उनसे इलाहाबाद में थोड़ी-बहुत मुलाक़ात रहती थी। उनका परिवार बहुत मशहूर था। उनके बाप सैयद मस्ऊद हसन रिज़वी उर्दू के बहुत ही बड़े आदमी थे। उनकी किताबें हमने बचपन से पढ़ी थीं। जब मेरा तबादला लखनऊ हुआ, नैय्यर मस्ऊद साहब से बहुत गहरा मिलना-जुलना हो गया, बिल्कुल घर की तरह। उनके लिए मैं कह सकता हूँ कि उनके साथ जितनी गुज़री है, हमारा एका रहा। उनके साथ कोई मतभेद नहीं था, अगर हुआ भी तो कोई झगड़ा-वगड़ा नहीं हुआ। वे शिया हैं, मैं सुन्नी हूँ लेकिन यह सवाल कभी नहीं उठा कि शिया अच्छे हैं या सुन्नी। या कि शिया क्या कहता है, सुन्नी क्या कहता है। अगर इन बातों की हमारे बीच चर्चा भी होती है, हल्के मन से होती है।

उनकी कहानियों से जो लेखक उनके पसन्दीदा लगते हैं, वे आपके पसन्दीदा लेखकों से बहुत अलग हैं?

बहुत अलग हैं। उन्होंने बी. ए. तक अँग्रेज़ी पढ़ी है, बाद में घर पर रहकर पढ़ाई की। इसके अलावा वे फ़ारसी और उर्दू पढ़ते रहे। मैं बचपन से अँग्रेज़ी से चिपका रहा। उन्होंने अँग्रेज़ी के सहारे वे चीज़ें ही पढ़ीं जो उनके काम की हैं जैसे उन्होंने काफ़्का को और ज्वायस को पढ़ा। हमारा ये था कि हर जगह मुँह मारो, जो मिल जाय पढ़ो। तीसरी दोस्ती हमारी जनरल चोपड़ा साहब से हुई, जो डाक विभाग में मेरे साथ थे। वो अभी भी हैं। वे डाक विभाग के फ़ौजी प्रभाग में थे।

क्या वे भी लिखते थे?

नहीं। वो दोस्ती दोस्ती थी, सरकारी होते हुए भी उसमें भीतरी ताक़त थी। उनसे मिलना-जुलना कम होता है। वे गुड़गाँव में रहते हैं, मैं इलाहाबाद में, वे भी बूढ़े हैं, मैं भी। मिलना भले कम हो पर मुझे ज़रूरत पड़ेगी तो मैं उन्हें पुकार लूँगा, उनसे पूछ लूँगा, उन्हें बुला लूँगा या वे मुझे बुला लेंगे। मगर और कोई दोस्ती मैं नहीं देख पाता।

हम अब वापस इलाहाबाद लौटते हैं, जहाँ अब तक आप एम. ए. कर चुके हैं।

मैंने अँग्रेज़ी में एम. ए. कर लिया पर अक़्ल-वक़्ल बहुत कम थी। मेरे प्रोफ़ेसर देव साहब का, ज़ाहिर है, बहुत नाम था। वे बहुत बड़े आदमी थे भी। उनका दिमाग़ भी बहुत बड़ा था और वे किसी को कुछ समझते भी नहीं थे। हम थोड़ा-बहुत उनसे आज़ादी से बात कर लिया करते थे। कपड़े मामूली पहनते थे। वही पजामा-कुर्ता। पतलून पहनना मुझे नसीब नहीं था, कहाँ से पहनते। चप्पल पहनकर विश्वविद्यालय जाया करते। एकाध दफ़ा कक्षा में उनसे बहस हो गयी, एकाध दफ़ा मैं बहुत दिन ग़ैरहाज़िर रहा।

वे किन लेखकों से मुतास्सिर थे? उनके कौन-से लेखक थे?

उनके सब लेखक थे यार, तुम क्या पूछते हो? तुम भवभूति के बारे में बात शुरू कर दो, वे एक घण्टा उसी पर बोल देंगे। तुम उन्हें काण्ट के ज्ञान सम्बन्धी विचारों के बारे में कुछ कहोगे, वे दो घण्टा उसी पर बोल देंगे। शेक्सपियर के बारे में तो ख़ैर कोई बात ही नहीं है और न फ्रांसीसी अदब के बारे में। तुमको रासीन के बारे में बहुत-सा बता देते। वह अजीब आदमी था, भई! वे देसी लहजे में अँग्रेज़ी बोलते थे। बंगाली थे, उनमें कोई अँग्रेज़ियत नहीं थी लेकिन साफ़ अँग्रेज़ी बोलते थे। वैसी ही उर्दू और हिन्दी बोलते थे, बंगाली लहजे से। फ़ारसी भी जानते थे। उनका ज्ञान अथाह था। लेकिन पता नहीं किस कारण से मुझे नापसन्द करते थे। जब मैंने एम. ए. पहला साल पास किया, मेरा चौथा नम्बर आया। मैं ज़रा मायूस हुआ क्योंकि मेरे साथियों का ये ख़याल था कि यह अव्वल

आयेगा। अच्छा लिखता भी है, बोलता भी है, याद भी इसे ख़ूब है। आमतौर पर अगर आपके लिखित परीक्षा में अच्छे अंक आते हैं तो मौखिक में प्रोफ़ेसर से सहारा मिलता है। वह उन्होंने नहीं दिया। लड़कपन तो लड़कपन ही होता है, फिर वह देहाती लड़कपन। एक ज़माने में मैंने छोटी-सी दाढ़ी रखी हुई थी, और उसके ऊपर काला चश्मा लगाकर आईडेण्टिटी कार्ड पर चिपकाने तस्वीर खिंचायी। इतनी तौफ़ीक़ नहीं थी कि मैं तस्वीर खिंचाने दाढ़ी मुड़वाकर जाता। इतनी फुर्सत कहाँ थी। मौखिक परीक्षा में उनका पहला जुमला यह था कि 'वाय डिड यू हाइड यूअर फेस बिहाइण्ड ए बियर्ड एण्ड ग्लासेस व्हेन बोथ हेव गॉन नाउ' (आपने दाढ़ी और चश्मे के पीछे अपना चेहरा क्यूँ छुपा रखा है जबकि अब वे दोनों ही जा चुके हैं) ये प्रोफ़ेसर देव साहब पूछ रहे हैं। वे हमारे विभाग के मालिक थे, सर्वेसर्वा थे, उनके बगल में बैठे, बाहर से आये परीक्षक को मैं जानता भी नहीं था और वे ऐसा पूछ रहे थे। मैंने जवाब दिया, 'सारी, बट इट्स एन ओल्ड फ़ोटो' (माफ़ करें, यह पुरानी तस्वीर है।) हमारे विश्वविद्यालय में १९५२ में लम्बी हड़ताल हुई थी, जो सन् ५३ में भी चली थी। मुझे याद नहीं आता कि वो किसलिए हुई थी, पर लाल पद्मधर नाम के लड़के के छूटने से उसका सम्बन्ध था। उस दौरान विश्वविद्यालय बन्द रहा। अगला सवाल मुझसे पूछा गया कि क्या तुम हड़ताल में शामिल थे। मैं उसमें नहीं गया था, इस पर उन्होंने पूछा, 'क्यूँ नहीं।' मैंने कहा, 'मुझे कुछ लड़के जाने से रोकते।' अगला सवाल आया, 'अपनी दाढ़ी के बावजूद आप डर गये?' मैंने अटक-अटक कर इतना भर कहा, 'दाढ़ी किसी आदमी को बहादुर नहीं बनाती।'

आपने इतना कह दिया?

मुझे और भी कहना चाहिए था कि दाढ़ी आपको आकर्षक बना सकती है पर मैं वह नहीं कह सका। ज़ाहिर है उसके बाद नम्बर कहाँ आते।

आख़िर बरस में क्या हुआ?

तब कुछ ऐसा इत्तेफ़ाक हुआ कि सारे परचे वे थे, जो मेरे मतलब के थे। उसमें शेक्सपियर था, आधुनिक कविता थी, साहित्य का इतिहास और

मालूम नहीं क्या-क्या था।

आधुनिक कविता यानि टी. एस. एलियर, एज़रा पाउण्ड, येट्स वग़ैरह...

ये सब थे बल्कि ये तीन लोग उसमें ख़ास थे। साहित्य के सिद्धान्त, फिलालाजी, जिसे आजकल लिंग्विस्टिक्स (भाषा विज्ञान) कहते हैं। ये सब मेरे मतलब के परचे थे। मैंने सबमें एक से बढ़कर एक लिखा। मौखिक परीक्षा में बैठा तो फिर वही सब। वही प्रोफ़ेसर देव और बाक़ी सब। चश्मा लगाने के बावजूद आँख इतनी मज़बूत नहीं थी कि जान पाता कि बाक़ी वही लोग हैं या नहीं। मैं कैसे पहचानता कि कौन-कौन लोग बैठे हुए हैं। मैंने सोचा होंगे कोई। अपनी तो सिट्टी गुम थी। उन्होंने वैसा ही कुछ पूछा। बाद में पता चला कि मुझे कम ही नम्बर मिले। मैं रहा सेकेण्ड डिविज़न ही पर मुझसे आगे कोई गया नहीं। पूरी फिज़ाँ मेरे दिल में बददिली की ही थी।

चूँकि मैं अव्वल आया था, मैंने सोचा कि मुझे विश्वविद्यालय में नौकरी मिलनी चाहिए। तब तक हर अव्वल आने वाले को मिलती रही थी। चाहे वो अस्थायी रही हो। उन्हें फ़ौरन रख लिया जाता था क्योंकि उस ज़माने में विश्वविद्यालयों को बहुत आज़ादी मिली हुई थी। हम भी दफ़्तर के चक्कर काटने लगे। जो साहबज़ादे नम्बर दो थे, वे सिविल सर्विसेस का इम्तिहान दे रहे थे, वे नज़र नहीं आते थे। नम्बर तीन की लड़की अपने घर चली गयी थी। उसके बारे में बाद में सुनने में नहीं आया। उसकी शादी वग़ैरह हो गयी होगी। नम्बर चार को विभाग में नौकरी मिल गयी।

अच्छा!

हाँ भाई। फिर भी हम लगे रहे उम्मीद में। फिर नम्बर पाँच को नौकरी मिल गयी। छः को भी विभाग में ही नौकरी मिल गयी। तीनों अभी भी मौजूद हैं। उनमें से ख़ासकर प्रकाश मालवीय बड़ी ही व्यापक रुचि का व्यक्ति था। उसे वास्तव में प्रोफ़ेसर बनना चाहिए था। एक दिन ख़बर लगी कि जो नम्बर सात थे और जो सचिवालय में काम करते थे, उन्हें भी बुलाया गया। उन्हें भी विभाग में नौकरी दे दी गयी। वे भी आ गये। मैं चक्कर

काटता रहा।

पर आप इलाहाबाद में बने रहे?

हमारा वहीं शादी करने का भी इरादा था, क्यूँकि हमारी होने वाली बीवी जमीला वहीं थीं, इसलिए इलाहाबाद में रहना हमारे लिए अच्छा था। वे साथ में पढ़ती भी थीं।

आपकी उनसे मित्रता पहले से थी?

हाँ। एकाध बार हम देव साहब के घर गये भी पर वे कोई भी ख़ास जवाब न दें। वहाँ बहुत-से डिग्री कॉलेज थे। वे अब भी होंगे, शायद और बढ़ गये होंगे। उसमें सबसे मशहूर था सी. एम. पी. कॉलेज यानि चौधरी माधव प्रसाद डिग्री कॉलेज। उस ज़माने में बी. ए. के डिग्री कॉलेज के लेक्चरर का ग्रेड दो सौ रुपये था। सी. एम. पी. का ग्रेड दो सौ पचास था। वह आकर्षक था। विश्वविद्यालय के ग्रेड तीन सौ से थोड़ा ही कम। हम वहाँ इण्टरव्यू देने चले गये। हमने सादे काग़ज़ पर अपने आवेदन में यह लिख दिया कि हमने फ्रांसीसी, जर्मन और यूनानी साहित्य को अनुवाद के जरिये ख़ासतौर पर पढ़ा है। मेरे आवेदन से ये जुमला कि मैंने अँग्रेज़ी अनुवाद के सहारे यह सब पढ़ा है, किसी ने काट दिया या शायद मैं लिखना भूल गया पर मैं इतना गधा नहीं था कि ये लिखना भूल जाता। इण्टरव्यू में देव साहब मौजूद थे।

ओह!

इण्टरव्यू में एक साहब ने पूछा कि आपने यह दावा किया कि आप जर्मन, फ्रांसीसी और यूनानी पढ़ लेते हैं। मैंने कहा, 'मैंने यह दावा नहीं किया है कि मैं इन भाषाओं को पढ़ लेता हूँ, मैंने लिखा है कि मैंने इनके साहित्य को अँग्रेज़ी अनुवाद के माध्यम से पढ़ा है।' वे बोले, 'आपके आवेदन की संक्षेपिका में यह नहीं लिखा हुआ है।' मैंने कहा, 'न लिखा होगा लेकिन मैं यह अर्ज़ कर रहा हूँ।' देव साहब ने मदद करने के अन्दाज़ में कहा, 'श्री फ़ारूक़ी, आपको इनमें से कोई एक भाषा आती होगी।' मैंने कहा, 'नहीं साहब, थोड़ी-बहुत फ्रांसीसी सीखना शुरू की थी, अब वो भी

भूल-भाल गया। हाँ, ये ज़रूर है कि अनुवाद के रास्ते मैंने इन भाषाओं का साहित्य ख़ूब पढ़ा है।' फिर आयें-बायें-शायें सवाल होते रहे। चुनाव तो होना ही नहीं था। इसके बाद मैं हिम्मत करके देव साहब के पास गया कि साहब अब क्या किया जाय। वे बोले, 'आपने मेरी नाक कटवा दी। आपने लिख दिया कि आपको जर्मन, फ्रांसीसी और यूनानी आती है। लोगों ने कहा कि देव साहब आपके शागिर्द ऐसे हैं।' मैंने कहा कि मैंने यह लिखा था कि इन भाषाओं के साहित्य का मैंने अनुवाद के जरिये अध्ययन किया है। वे बोले, 'आपने यह नहीं लिखा था। आपने बहुत बुरा किया।' मैं अपना-सा मुँह लेकर चला आया। मैं सी. एम. पी. कॉलेज के क्लर्क के पास कम से कम सौ बार गया हूँगा कि भाई मेरा आवेदन मुझे दिखा दो। वो बहाने मारता रहा। १८-२० साल के लड़के के हिसाब से मैंने बहुत पढ़ रखा था। मैं जल्दी पढ़ गया था और कम क़द का था। स्कूल में भी लड़के मेरी ओर इशारा करके कहते थे कि देखते हो ये पाँचवीं पढ़ता है। एम.ए. में भी मैं २० से कम उम्र का था और २० से कम में ही मैं एम.ए. पास कर गया था इसलिए मैंने पढ़ा बहुत था पर अक़्ल उतनी ही थी जितनी बीस से कम उम्र के लड़के की होनी चाहिए।

आपने कौन-से जर्मन और यूनानी लेखकों को पढ़ा था?

मुझे नाटकों का शौक़ था। मैंने चारों बड़े यूनानी नाटककारों, सोफ़ोक्लीस, यूरिपिडीस, एस्केलस, एरिस्टोफ़ेनीस को पढ़ा था। मुझे वे बहुत याद भी थे। उसी बहाने सेफ़ो को भी देख लिया, पिण्डार साहब में भी मुँह मार लिया, थोड़ा-सा इलियाड भी देखा। जर्मन में भी गेटे, शिलर को पढ़ा था। अलिफ़-बे न सही कुछ तो पढ़ा था। उपन्यास का शौक़ था इसलिए फ्रांसीसी साहित्य ख़ूब पढ़ा था। उस ज़माने के प्रचलित लेखक ज़ोला और उसके पहले के फ़्लाबे हमारे दादा होते थे।

इनमें से किन्हीं लेखकों के उर्दू अनुवाद हुए थे?

कुछ के हुए थे, कुछ के बाद में हुए। 'मदाम बावेरी' का उस ज़माने में हसन असकरी ने बड़ा अच्छा अनुवाद किया था। स्टेण्डाल के उपन्यास 'द रेड एण्ड दी ब्लैक' का भी असकरी ने फ्रांसीसी से ही उर्दू में अनुवाद

किया था। उनकी फ्रांसीसी बहुत अच्छी थी। वे बड़े लायक आदमी थे। ज़ोला के 'जर्मिनाल' का भी उर्दू में अनुवाद था। उर्दू में १९१० से लेकर १९४० तक को अनुवाद का 'स्वर्णयुग' कहा जाता है। उन दिनों बहुत लोगों ने अच्छे-बुरे अनुवाद किये, ढूँढ़-ढूँढ़कर सस्ते उपन्यासों से लेकर गम्भीर साहित्य तक। शेक्सपियर के उर्दू अनुवादों की गिनती ही नहीं है।

एक बार इन्तज़ार हुसैन हमें बता रहे थे कि वे कालिदास को उर्दू का ही लेखक समझते थे क्योंकि उनके इतने अच्छे तर्जुमे उर्दू में मौजूद थे।

यह कोई ग़लत थोड़े है। 'गीता' के ढेरों अनुवाद उर्दू में हुए थे। हमारा सबसे प्रिय ख़्वाजा दिल मोहम्मद साहब का अनुवाद था जिसका नाम था, 'दिल की गीता।' हम मौलवी खानदान में थे पर हमारे यहाँ ऐसा नहीं था कि ये हिन्दुओं की किताब है वग़ैरह...। सब मिल-जुलकर रहते थे। हिन्दू-मुसलमान में तौर-तरीक़े बहुत सारे एक से भी थे। हालाँकि हमारे बाप का खानदान थोड़ा सख़्त था। पर फिर भी ऐसा नहीं था कि हिन्दुओं से मेल-जोल, उठना-बैठना नहीं हो सकता था, उनका साहित्य नहीं पढ़ा जा सकता हो। हम ये सब पढ़े हुए थे। यार हम बच्चे ही तो थे। आज के ज़माने के बच्चे तो अलिफ़-बे भी नहीं जानते।

देव साहब के पास से लौटकर आगे का रास्ता आपने ख़ुद खोजा होगा।

मैं थक-हारकर बलिया में लेक्चरर हो गया।

इस बीच आप क्या लिख रहे थे?

अफ़साने कम आलोचना ही ज़्यादा लिख रहा था। पर थोड़ा-बहुत। मेरा लिखा लड़कपन का वह अफ़साना जिसकी उस्तादों ने बहुत तारीफ़ की थी, मैंने अँग्रेज़ी में करके विश्वविद्यालय की पत्रिका में दे दिया था। वह अब मेरे पास न उर्दू में है न अँग्रेज़ी में। मैं अपने लेखन को सँभालने के बारे में हमेशा से ही लापरवाह रहा : कुछ ऐसा था कि यार ये हो गया, अब

इसे छोड़ो। उस ज़माने में मैंने एक उपन्यास शुरू किया था पर जमीला ने हतोत्साहित किया कि ये कुछ नहीं है, इसे छोड़ो। मैंने कहा कि अच्छा भाई, जाने दो। उस दौरान मैंने लेख लिखे।

वे किस तरह के लेख थे?

उस ज़माने में मेरे ऊपर आई. ए. रिचर्ड्स और टी. एस. एलियट का बहुत असर था। मैं सोचता था कि ये लोग दूध का दूध और पानी का पानी कर देते हैं। अच्छी शायरी कौन–सी होती है, कैसी होती है, शेक्सपियर मार्लो से क्यूँ और कैसे अलग हैं। रिचर्ड्स का मनोवैज्ञानिक ढंग और एलियट की साफ़गोई का मैं मुरीद था। मैंने उसी असर में दो–चार लेख साहित्यिक सिद्धान्त पर लिखे। पर उनमें एक था, 'अदब में क़द्र का मसला' (साहित्य में मूल्य का प्रश्न')। यह लेख पाँच–सात पेज का था, ऐसे ही कुछ और भी थे।

ये साहित्यिक सिद्धान्त पर लेख थे, समीक्षाएँ नहीं?

मेरी अक़्ल में तब तक ये आ गया था या यह धुन आ गयी थी कि उर्दू साहित्य में जो कुछ भी है, बड़ा अच्छा है लेकिन यहाँ आलोचना नाम का जानवर नहीं है। यहाँ असकरी भर हैं लेकिन वे जैसे ही क़लम उठाते हैं, उनका पहला जुमला बोदलेयर पर होता है। वे यूरोपियन साहित्य में डूबे हुए थे। वे भी देव साहब के शागिर्द थे। उन्हें भी देव साहब ने अव्वल नहीं आने दिया, दूसरा दर्जा ही दिया। असकरी ने अपने अफ़सानों का पहला संग्रह 'जज़ीरे' देव साहब को समर्पित किया और अपने लेखन में वे जगह–जगह देव साहब का नाम लेते हैं। वे फ्रांसीसी ऐसे पढ़ते थे जैसे हम उर्दू। उनका जुमला है कि जब लोगों को देखता हूँ कि दुनिया की शिकायत करते हैं तो मुझे अफ़सोस होता है कि वे बोदलेयर क्यूँ नहीं पढ़ते। उनका लेख यहाँ से शुरू होता था। वे कहते थे कि 'यूलिसिस' से ज़्यादा दिलचस्प कोई उपन्यास नहीं और मुझसे वह पाँच पेज से ज़्यादा पढ़ा नहीं गया। वे साहित्यिक मूल्यों की बात अवश्य करते थे और इससे भी बढ़कर साहित्यिक संस्कृति की। मैं अभी वहाँ पहुँचा नहीं था। मुझे यह नहीं मालूम था कि जब यह कहा जाता है कि ग़ालिब ग़ालिब हैं और मीर मीर तो इसके क्या

मायने हैं। जब आप यह कहते हैं कि ग़ालिब और मोमिन दोनों के यहाँ नाज़ुक ख़याली है लेकिन ग़ालिब अलग हैं और मोमिन अलग तो ये कैसे है। मेरी धुन ये थी कि पहले मैं साहित्यिक मूल्य स्थापित करूँ कि अच्छाई-बुराई, शायरी-ग़ैर शायरी ये क्या हैं। मैं शायरियों में फ़र्क़ करना बताऊँ। इसी तरह के थोड़े-बहुत लेख लिखे थे। एक लेख टॉमस हार्डी पर लिखा था, आधा अँग्रेज़ी में आधा उर्दू में। हार्डी से तब तक मेरा इश्क़ बाक़ी था।

और अपने दूसरे और कहीं ज़्यादा गहरे इश्क़, शेक्सपियर पर आपने कभी नहीं लिखा।

वो हमारे बाप के बस का नहीं था। हमने मीर पर इतना लिखा है और यह लिख दिया है कि मीर को मैं शेक्सपियर की जगह रखता हूँ। जहाँ शेक्सपियर बैठा, वहीं मीर बैठे हुए हैं। यह सही भी है। ये दोनों आदमी इतने बड़े लेखक हैं कि इनसे बड़ा लेखक मैंने नहीं देखा। दोनों अजीब तरह के बदमाश हैं। मैं यही सब झक मार रहा था और बलिया चला गया था। एक साल वहाँ रहा।

वहाँ भी क्या आप लिखते रहे?

एकाध लेख लिखा होगा। वह पढ़ाने का पहला अनुभव था। वह बड़ा सन्तोषप्रद होता है। बी. ए. की कक्षा पढ़ा रहे हैं और मालूम हुआ कि फ़ारूक़ी साहब एक घण्टा शेक्सपियर पर ही बोले जा रहे हैं। दूसरी कक्षा में मुहावरों पर बात हो रही है तो वे बच्चों को मुहावरे समझाये जा रहे हैं, मुहावरेदार अँग्रेज़ी के बारे में। उस वक़्त लिखना कम होता था। मैं जिस कमरे में रहता था, उसमें ग़ुसलखाना तो था नहीं, पर मुझे ये याद नहीं कि मैं नहाने कहाँ जाता था और फ़ारिग़ होने कहाँ। उन दिनों इन चीज़ों का इतना महत्त्व नहीं था। अब जहाँ भी जाओ, पहले पूछो ग़ुसलखाना कहाँ है और वो भी अँग्रेज़ी स्टाइल का...

हम बैठ भी पायेंगे कि नहीं...

हाँ भई। वल्लाह आज मैं याद करता हूँ कि हम लोग बारह-तेरह भाई बहन

और बाप-माँ साथ रहते थे पर हमारा घर और हम सब बेहद सफ़ाई से रहते थे। इससे ज़्यादा साफ़ मैंने किसी को नहीं देखा। और जो भी अच्छाई या बुराई उनमें होगी पर श्रद्धालु मुसलमानों से ज़्यादा मैंने साफ़ किसी को नहीं देखा। इतने साफ़ हमारे बाप रहा करते थे, इतना अच्छा कपड़ा पहना करते थे, कब वे अपने को साफ़ रखते होंगे, कब नहाते होंगे, कहाँ जाते होंगे। एक घर था, उसमें हम बारह-तेरह बच्चे बैठे हुए हैं, एक ठो बाथरूम था, ग़ुसलखाना था ही नहीं, लेकिन साहब कभी मैंने उस आदमी के कपड़े में पसीने की महक नहीं सूँघी। मैंने कभी उन्हें मैला कपड़ा पहने नहीं देखा। ख़ैर... कहने का मतलब यह है कि उस समय एक तरह की बेसरोसामानी थी और इश्क़ फ़रमा रहे थे।

जब आप बलिया चले गये थे, क्या तब आप वहाँ से इलाहाबाद आते थे क्योंकि जमीला जी वहीं थीं?

आते भी थे, कभी टेलीग्राम भेज दिया, कभी ख़त लिख दिया। टेलीफ़ोन तो ख़ैर बहुत बड़ी चीज़ थी।

'कई चाँद थे सरे आसमाँ' में शम्सुद्दीन और वज़ीर खानम के बीच जो ख़तो-किताबत चल रही है, क्या उसमें आपके इन ख़तों की याद है?

नहीं यार। उस वक़्त इतनी अक़्ल कहाँ थी। ये सब तो ७५-७६ की उम्र में आया है। यह उपन्यास मैंने २००४ में लिखना शुरू किया जब मैं क़रीब ७० बरस का हो गया था। दुनिया भी बहुत सारी देख ली थी, बहुत सारा भुगत लिया था। और तब तक सही मायनों में अपने अतीत, अपनी संस्कृति और हिन्दू-मुसलमान अस्मिता से वाक़िफ़ हो लिया था। लेकिन बलिया में इन सब चीज़ों के बारे में क्या पता था कि मुस्लिम अस्मिता किसे कहते हैं या मैं कितना हिन्दू हूँ। एक बार इन्तज़ार हुसैन ने लाहौर में मेरे सामने जलसे में खुलकर कहा कि मैं थोड़ा-बहुत हिन्दू भी हूँ। यह उसकी नैतिक शक्ति थी कि वह पाकिस्तान में बैठकर लाहौर में इस तरह कह सका। मैं जानता था कि मैं भी थोड़ा हिन्दू हूँ पर उसका विस्तार कितना है, और कहाँ तक मैं हिन्दू नहीं हूँ और क्यों नहीं हूँ और उदयन

अगर मुसलमान है तो कहाँ तक मुसलमान है, यह सब अक़्ल आयी ज़रूर लेकिन बाद में। लेकिन ये अक़्ल, माफ़ कीजिए, बड़े-बड़े तरक़्क़ीपसन्दों-प्रगतिशीलों के यहाँ नहीं मिलती। उनके यहाँ वर्ग वग़ैरह मिल जाता है कि ग़रीब आदमी है तो अच्छा होगा और बड़ा आदमी है तो साला बदमाश होगा। उनके यहाँ इतना ही होगा, इससे ज़्यादा नहीं। वह जो मानवीय वास्तविकता है, जो हिन्दू-मुसलमान के परे चली जाती है, जिसमें ये दोनों एक-दूसरे में शामिल हो जाते हैं, और फ़र्क़ नहीं मालूम होता, बात उसकी है। मुझे भारतीय होना और भारत में रहना, हालाँकि इस पर जिसकी हुकूमत है सो है, कहीं ज़्यादा पसन्द है बनिस्बत इसके कि मैं दुनिया के किसी और देश में जाकर रहूँ। मुझसे किसी ने पिछले साल पूछा कि आप इलाहाबाद जैसे छोटे-से शहर में कैसे रह पाते हैं, दिल्ली क्यूँ नहीं आ जाते? मैंने कहा कि अगर मुझे यह शहर छोड़ना ही होगा तो मैं न्यूयार्क जाऊँगा या लन्दन, दिल्ली क्यूँ जाऊँगा। छोड़ना उसे कहेंगे। इन संस्कृतियों का अन्तर्गुम्फन सदियों का है और इस देश की संस्कृति उसका परिणाम है। मुझसे लोग अक्सर पूछते हैं कि आपने उपन्यास लिखने के पहले कितना अनुसन्धान किया था, जिसका जवाब है शून्य। शून्य भी है और मेरी पूरी ज़िन्दगी भी है। पाँच बरस की उम्र से मैंने घर में लोगों का उठना-बैठना उनके रस्मोरिवाज देखे हैं। ननिहाल बरेली वालों का था। वे मुहर्रम मनाते थे। काला कपड़ा पहन लिया करते थे। मुहर्रम के वक़्त लोगों को पानी पिलाते थे, खाना पकाते थे, बहुत-से लोगों के साथ मातम मनाने भी निकल जाया करते थे। दादा की तरफ़ के लोग देवबन्दी थे, उनकी श्रद्धा का रूप ही अलग था।

लेकिन इससे शादियों में फ़र्क़ आता था या नहीं?

अब आने लगा है। अब तो उसके पीछे नमाज़ नहीं पढ़ते। असकरी को भी इस चीज़ ने मारा। उन्होंने लिखा है कि लाहौर में बात करते-करते नमाज़ का वक़्त हो गया, कहने लगे नमाज़ पढ लूँ। किसी साहब ने कहा कि मस्जिद तो पास में ही है, पढ़ लीजिये। इस पर जवाब मिला, पता नहीं मस्जिद देवबन्दियों की है या बरेलवियों की।

असकरी साहब ख़ुद क्या देवबन्दी थे?

जी। अब तो हिन्दुस्तान और पाकिस्तान सड़ गये हैं। एक दफ़ा एक बरेलवी मौलवी साहब ने मुरादाबाद में किसी के जनाज़े की नमाज़ पढ़वायी। वे बरेलवी थे और जनाज़ा देवबन्दियों का था। उस पर ऐसा हल्ला हुआ कि सबकी नमाज़ तो हुई ही नहीं और मुल्ला लोगों ने फ़तवा दिया कि वे सब मुसलमान नहीं रह गये। उनके फिर से कलमा पढ़े गये, निकाह पढ़े गये। हमारे ज़माने में यह सब नहीं था। शिया-सुन्नियों में शादी हुआ करती थी। हमारे खानदान के बहुत-से लोग शिया हैं। ननिहाल में बहुत से लोग शिया हैं। अब बहुत बुरा हाल है। हमारे बाप देवबन्दी थे और पाँच वक़्त नमाज़ पढ़ते थे। वे ऐसे लोगों में नहीं थे जो क़ुरान के तरीक़ों का उल्लंघन करते हों। बरेलवियों के यहाँ श्रद्धा थी और रस्मोरिवाज था। रस्म बनाना ज़रूरी है। बुज़ुर्गों के पास जाना ज़रूरी है। फ़ातिहा पढ़ना ज़रूरी है। ग्यारहवीं की फ़ातिहा अलग होती है, उसमें मिठाई बाँटी जायेगी। बीबी फ़ातिमा का कुण्डा अलग होता है, उसे वे लड़कियाँ ही पका सकती हैं जो कुँआरी हैं और उसे वही लड़के-लड़कियाँ खा सकते हैं, जिनकी शादी न हुई हो। ये सब चीज़ें, ज़ाहिर है, मज़हब में नहीं लिखी हैं पर मुझे बहुत पसन्द हैं। मैंने यह सब उन्हीं से सीखा है। ठीक है कि यह नहीं लिखा कि ये पाँच वक़्त की नमाज़ के बराबर हैं। शेख अकबर इब्ने रब्बी ने लिख दिया है कि जब क़यामत में जाओगे, अल्लाह मियाँ ये थोड़े पूछेंगे कि तूने मेरी किताब पढ़ी या नहीं। मज़हब की ज़रूरी रस्में होती हैं लेकिन उसके बाहर भी बहुत सारा है, जो तुम लोगों से लिया गया है, हमारे पास यह सब कहाँ था! यह कन्या का मसला कि वे ऐसे खाना पकायेंगी कि पहले वह पकाने की जगह को लीपकर साफ़ करेगी, वहाँ बत्ती लगायेगी फिर खाना पकायेगी और उसे सिर्फ़ कन्याएँ ही खा सकती हैं और भी बहुत सारा तुम्हारे यहाँ से आया है।

> वैसे कन्या बड़ा दिलचस्प विचार है, 'पंच-कन्याओं' का ज़िक्र होता है, इनमें लगभग पाँचों के एक से ज़्यादा विवाह हुए हैं फिर भी वे कन्याएँ हैं। उनमें अहिल्या है, तारा है, मन्दोदरी, द्रौपदी और कुन्ती हैं।

अच्छा! तुम लोगों की ख़ूबसूरती ये है कि तुम 'ही' भी हो, 'शी' भी। मैं दोनों तरफ़ के लोगों से प्रभावित हुआ। बाप के यहाँ जो नमाज़ की श्रद्धा

थी, उससे भी। कितनी भी सर्दी पड़ रही हो लेकिन वे सवेरे उठ जायेंगे। दिल के मरीज़ भी हैं, हाथों में तकलीफ़ भी हो रही है तब भी सुबह चार बजे उठ जायेंगे, ठण्डे पानी से वज़ू करेंगे, मस्जिद जायेंगे नमाज़ पढ़ने, आकर जितना तय है, क़ुरान शरीफ़ पढ़ेंगे। उनके लिए सब चीज़ों में गोया ख़ुदा की इबादत सबसे आगे है। उसी के नतीजे में जो किसी भी मुल्ला परम्परा में तंगियाँ होती हैं, वे भी हैं, लेकिन ये भी है कि बीवी का सम्मान करना है, एक औरत के रहते दूसरी शादी नहीं करना हालाँकि कर सकते हैं, मरने के बाद भले कर ली पर वैसे नहीं करेंगे। जो बात बीवी कहती है चलो भई मान लेते हैं, जो खिलाती है खा लेते हैं, शादी-ब्याह के मामले में उससे पूछते हैं, ख़ुद फ़ैसला नहीं करते। मेरे भाई की शादी मेरी अम्मा ने अपनी बहन की बेटी से की। मेरे बाप बिल्कुल राज़ी नहीं थे। लड़की मामूली शक्ल सूरत की, कम पढ़ी-लिखी थी, पर अम्मा अड़ी रहीं। हमारे बाप मान गये। हम बदमाश थे, घर के बाहर निकल गये, वो अलग बात है, वरना शादी हमारी भी घर में ही लगी हुई थी।

आप कितने साल बलिया में पढ़ाते रहे?

एक साल हमने पढ़ाया बलिया में फिर दो साल आज़मगढ़ में। तब तक भी मेरी आकांक्षा विश्वविद्यालय में पढ़ाने की ही थी। अब मैं जब मुड़कर देखता हूँ और अक्सर देखता हूँ, अभी अलीगढ़ देखकर आ रहा हूँ, कुछ दिन पहले हैदराबाद में देखा, यहाँ दिल्ली में देखता ही रहता हूँ क्योंकि यहाँ मेरी लड़की पढ़ाती है, तो यह सोचता हूँ कि यह बहुत अच्छा हुआ कि मैं विश्वविद्यालय में पढ़ाने के लिए नहीं गया। एक तो पढ़ाने में सन्तुष्टि हो जाती है, अच्छे पढ़ाने वाले को दो-चार प्रशंसक लड़के-लड़कियाँ मिल जाते हैं फिर उसकी अना मोटी होने लगती है, वो सोचता है अब काम की क्या ज़रूरत है, सब कुछ मिल ही गया है। एक अच्छी कक्षा पढ़ा ली तो शेक्सपियर पर दो लेखों के बराबर हो गयी। अगर हम अँग्रेज़ी पढ़ाते तो ज़्यादातर अँग्रेज़ी में ही लिखते। हमारे यहाँ उर्दू में जो बड़े लेखक हुए, हमारे ज़माने में, इत्तिफ़ाक़ से सब अँग्रेज़ी से उर्दू में आये थे। कलीमुद्दीन साहब, असकरी साहब, वग़ैरह भी अँग्रेज़ी में एम. ए. थे पर इन लोगों की बात कुछ और थी। हम ये ख़याल करते थे कि हम अँग्रेज़ी ही जानते हैं, उसी में लिखेंगे, वही बोलेंगे, वही पढ़ेंगे। उर्दू में लिखने का

शौक़ ग़ालिबन विश्वविद्यालय में जाने पर कम हो रहा था। मैं वहाँ पढ़ाने नहीं गया सो अच्छा हुआ पर मेरी वो आकांक्षा बाक़ी थी।

यह बात विश्वास के काबिल नहीं है लेकिन हुई घटना है : आज़मगढ़ में अलीगढ़ के कुछ लोग मेरे साथ पढ़ाते थे। उनमें से एक साहब मेरे दोस्त बन गये थे, वे एक दिन बोले कि मेरे चेयरमेन बोस साहब (उनके यहाँ विभाग के अध्यक्ष को चेयरमेन कहते थे) तुमको पूछ रहे थे। मैंने कहा कि मुझे काहे पूछ रहे थे? वे मुझे क्या जानें? वे कहने लगे कि उन्होंने तुम्हारा एम. ए. कविता का पर्चा देखा था, उससे बहुत प्रभावित हुए थे, वे पूछ रहे थे कि ये कौन साहब हैं क्योंकि कॉपी में सिर्फ़ रोल नम्बर था। उन्होंने बोस साहब से कहा कि एक साहब हमारे यहाँ आज़मगढ़ में आये हैं पढ़ाने, वे बड़े तेज़ हैं, वे ही रहे होंगे ग़ालिबन, फ़ारूक़ी उनका नाम है। ये सुनकर मुझे हिम्मत हुई और मैंने बोस साहब को ख़त लिखा। एक और क़िस्सा सुनाता हूँ।

> आपकी यह ख़ास बात है कि आप एक क़िस्सा सुना रहे होते हैं और अचानक उसे बीच में छोड़कर दूसरा सुनाने लगते हैं, फिर कुछ देर बाद उस पर वापस आ जाते हैं। आप लिखते भी कुछ ऐसे ही हैं। पर उस पर बाद में आयेंगे। आप क्या कह रहे थे?

जब मैंने एम. ए. कर लिया और लेक्चरर होने की आकांक्षा में विभाग के और देव साहब के घर के चक्कर काट ही रहे थे, यह ख़याल आया कि क्यूँ न पी-एच. डी. कर ली जाय। उस ज़माने में पी-एच. डी. कम लोग करते थे। हरिवंश राय बच्चन उन्हीं दिनों केम्ब्रिज से पी-एच. डी. लेकर लौटे थे और हम लोगों को आधुनिक कविता पढ़ाया करते थे। उनसे मैंने चार-छः महीने ही पढ़ा क्योंकि वे मेरे एम. ए. फायनल में आये थे। मुझे आधुनिक कविता का, फ्रांसीसी प्रतीकवादी कवियों वग़ैरह का बहुत शौक़ था जैसा कि मैंने आपसे अर्ज किया कि अपने ख़याल में मैं पढ़ा हुआ बहुत था। हमने बोदलेयर, रिम्बो आदि को पढ़ रखा था। अठारहवीं शताब्दी के बारे में देव साहब कहा करते थे कि तब के अँग्रेज़ी कवियों ने परोक्ष ढंग से फ्रांसीसी प्रतीकवादियों पर प्रभाव डाला ख़ासकर कोलिन्स और जॉन क्लेयर ने। मैं बच्चन साहब के पास गया कि मुझे पी-एच. डी. करना है, आप करा दें तो मैं हाज़िर हूँ। वे बोले, क्या विषय रखोगे? मैंने

कहा कि फ्रेंच सिम्बालिस्ट पोएट्स एण्ड मार्डन इंग्लिश पोएट्री (फ्रांसीसी प्रतीकवादी कवि और आधुनिक अँग्रेज़ी कविता)। मैंने ऐसा ही कुछ कहा था। वे बोले कि अच्छा ठीक है, कल ग्यारह बजे आओ, बात करेंगे। अगले दिन बारिश होने लगी। साइकिल से जाता कैसे और रिक्शा बड़ी बात थी। मैं नहीं गया या गया तो देर से गया। वे बोले, 'आप क्या पी-एच. डी. करेंगे, आपको कल ग्यारह बजे का समय दिया था, आप आज आ रहे हैं।' मेरा दिमाग़ अलग ही था। ग़रीब सही हम मियाँ भाई तो थे ही। पहले एक पाद टिप्पणी बता दूँ कि हमारे गाँव के फ़ारूक़ी लोगों के चार-पाँच सामान्य लक्षण हैं। एक तो ये कि वे सारे के सारे अच्छे दिखते हैं। दूसरा ये कि वे बहुत ईमानदार होते हैं और तीसरा ये कि अपने बराबर किसी को समझते नहीं। हम थे तो मियाँ भाई, अकड़नें तो थीं ही, फिर भले ही ग़रीब हों, मास्टर हों, फटेहाल हों, पायजामा-कमीज़ पहनते हों, तो अपनी अकड़ में हम बच्चन साहब के पास फिर नहीं गये। हमने कहा, 'अब हम नहीं जाते।'

यानि आप मुसलमानों में 'वाजपेयी' हैं...

ये तुमने ख़ूब कहा। बहरहाल, दो साल बाद हमारे दोस्त अली हम्माद साहब ने वो चिंगारी दोबारा रोशन की। वे बोस साहब के शागिर्द थे और उन्होंने ही मुझसे कहा था कि बोस साहब मेरे बारे में पूछ रहे थे। मैंने बोस साहब को चिट्ठी लिख डाली कि साहब, मैं फलाँ फलाँ हूँ, इलाहाबाद से पढ़ा हूँ, नौकरी करने को मजबूर हूँ पर मेरा दिल चाहता है कि आपके यहाँ पढ़ने को आऊँ और पी-एच. डी. करूँ। मेरा विषय 'फ्रांसीसी प्रतीकवादी कवि और आधुनिक अँग्रेज़ी कविता' हो। उस ज़माने के लोग ही कुछ और थे। तुरन्त जवाब आया : मैंने तुम्हारी कॉपी देखी थी, मैं तुमसे कुछ-कुछ प्रभावित हुआ और मैंने तुम्हारे बारे में पूछताछ की थी। तुम्हारा यहाँ स्वागत है लेकिन शोध का तुम्हारा विषय तुम्हारे लिए कुछ कठिन होगा, लेकिन तुम कोशिश कर सकते हो, इस बीच तुम ये कुछ किताबें पढ़ लो (उन्होंने कुछ किताबों के नाम लिखे) अगर यहाँ कोई जगह ख़ाली हुई, मैं तुम्हें बताऊँगा, तब तुम यहाँ आकर पढ़ाना और बाक़ी सब देखा जायेगा। ख़ैर...वहाँ जगह निकली पर हम इण्टरव्यू देने नहीं जा सके क्योंकि सिविल सर्विसेस की परीक्षा का चक्कर पड़ गया।

तब तक आपकी शादी नहीं हुई थी?

शादी हम कर चुके थे। मौलवी लोग शादी करने में देर नहीं करते। हम बलिया में पढ़ा रहे थे। मैं बलिया सितम्बर में पहुँचा हूँगा, दो-तीन महीने झक मारने के बाद कुछ नज़र नहीं आया। मीर का शे'र है—

जब रात सर पटकने ने तासीर कुछ न की
लाचार मीर मुटकरी-सी मारकर सो गया

हम भी बलिया में मुटकरी-सी मारकर सो गये। मैंने वहीं शादी कर ली थी।

आप बलिया से शादी करके आज़मगढ़ आ गये थे, आप अपनी अगली नौकरी का क़िस्सा सुना रहे थे।

हमारे एक साथी आज़मगढ़ के पढ़े थे, बाद में वे भूगोल शास्त्र के प्रोफ़ेसर हो गये थे। वे लखनऊ के थे, नाम था अब्दुल हफ़ीज़। उनके साथियों में एक लड़का था साद, जो पहला मुसलमान विदेश सेवा में गया था, हम लोगों से एक-दो साल पहले। वह जवानी में ही मर गया। साद ने अब्दुल हफ़ीज़ से कहा कि तुम सिविल सर्विसेस की परीक्षा में बैठते क्यूँ नहीं, ये क्या तुम आज़मगढ़ में पढ़ाये जा रहे हो। उसने उन्हें एक फॉर्म भेज दिया, उन्हें उत्साहित करने। चूँकि ये उत्साहित हो ही चुके थे, एक फॉर्म इन्होंने ख़ुद भी बुला लिया। इस तरह दो फॉर्म हो गये। हाफ़िज़ साहब मुझसे बोले, एक फॉर्म तुम भर दो। हमने कहा कि हम भरकर क्या करेंगे। हमें ये नौकरी नहीं करना। वे बोले, 'अरे भर दीजिये साहब, क्या रक्खा है न भरने में।' शम्सुर्रहमान साहब ने फॉर्म भर दिया। यह सन् १९५६ की बात है, मैंने १९५७ के लिए फॉर्म भर दिया। जब अलीगढ़ से पढ़ाने की नौकरी के लिए इण्टरव्यू देने का मौक़ा आया, मेरा अँग्रेज़ी का पेपर था, सिविल सर्विसेस का। मैं अलीगढ़ नहीं गया। हालाँकि जाना न-जाना बराबर होता क्योंकि मेरे इण्टरव्यू में इतने ख़राब नम्बर थे कि लिखित परीक्षा में अव्वल आने के बाद भी मैं आई. एफ. एस. में नहीं चुना जा सका इसलिए मेरा सिविल सर्विसेस के इण्टरव्यू में बैठना न-बैठना बराबर था। हम आज़मगढ़ में पढ़ा रहे थे, बस में बैठे, अगले दिन इलाहाबाद आये, इम्तिहान दिया, रात को लौट आये। इस तरह सिविल सर्विसेस का

इम्तिहान दिया। अँग्रेज़ी अच्छी थी और कुछ बहुत नहीं जानते थे। फ़ारसी जानते थे, सो फ़ारसी ले ली थी, ब्रिटिश इतिहास वग़ैरह तो घर का नौकर था, एक पेपर वो हो गया था, ब्रिटेन का संवैधानिक इतिहास का भी एक पेपर था, उसके लिए हमारी बीवी मरहूमा दुकान से एक किताब ले आयी थीं। मैंने उसे रातभर में पढ़ लिया था। उसी को जाकर उड़ेल दिया। यह सब अँग्रेज़ी का चमत्कार था, जो मैं अच्छी लिखता था। सब विषयों में अच्छे नम्बर थे, अलावा समान्य ज्ञान के। मुझे बहुत बाद में मालूम पड़ा कि मैं लिखित परीक्षा में देश में अव्वल था। उस ज़माने में नौकरी में रहते हुए परीक्षा में दोबारा बैठने की अनुमति नहीं थी। आपको जो नौकरी मिल गयी, ले लीजिये, अगर दोबारा बैठना है तो नौकरी छोड़ दीजिये। यह मालूम था कि मुझे इन्कम टैक्स करना नहीं है, उसके लिए मारवाड़ी जुबान सीखना पड़ती, मुल्ला आदमी को अपनी जेब के ही पैसे पता नहीं होते। पोस्ट ऑफ़िस मुझे अच्छा लगता था, वहाँ शान्ति रहती थी। अच्छी सेवा-खातिर हो रही है। चिट्ठियाँ आ-जा रही हैं। मुझे पोस्ट ऑफ़िस मिल गया। कुछ लोगों ने कहा कि इस नौकरी को छोड़कर दोबारा बैठकर आई. ए. एस. या आई.एफ.एस. करो, मैं कर भी सकता था पर अब्बा के डर से मैंने नौकरी नहीं छोड़ी। वे बहुत सख़्त थे।

तब तक वे सेवा निवृत्त हो चुके थे?

नहीं भाई। नौकरी में थे। उनकी नौकरी के आख़िरी बरस थे और वे इलाहाबाद में ही थे। उनसे सब डरते थे, हम भी डरते थे। वो अलग कहानी है, उसको छोड़ते हैं। इस तरह मैं डाकखाने का नौकर बन गया।

सिविल सर्विसेस के इण्टरव्यू में आपको शून्य क्यों मिला था?

वो भी सुन लो, उसके बग़ैर कहानी पूरी कहाँ हुई। वह चौबीस जनवरी का दिन था। दिल्ली में छब्बीस जनवरी का जश्न तब भी होता था। इण्टरव्यू लेने कई लोग बैठे थे। उसमें पुलिस के कुछ लोग थे, कुछ और थे। पहले उन्होंने छोटा-मोटा सवाल पूछा। आप लखनऊ पढ़ने क्यूँ नहीं गये? इलाहाबाद क्यूँ गये? मैंने कहा कुछ तो इसलिए कि मेरे बाप और मामा वहाँ पढ़े हैं, कुछ इसलिए कि लखनऊ में पढ़ाई अच्छी नहीं होती। मैं कह

गया कि वहाँ लड़के फ़ैशन ज़्यादा करते हैं। मुझे क्या ख़बर कि वहाँ ऐसा कौन बैठा था, जो लखनऊ में पढ़ा था। मैंने बाद में सोचा, तुझे ये सब कहने की ज़रूरत क्या थी बे, तू अपने काम से काम रखता। इस तरह पहला कदम ही ग़लत पड़ा। अगला सवाल, क्या आप दिल्ली पहली बार आये हैं? मैंने कहा, जी हाँ। वे बोले, परसों छब्बीस जनवरी के लिए क्या आप ठहरेंगे? मैंने कहा, जी नहीं। यह सन् ५७ है और एक मुसलमान लौण्डा, जो २२ बरस का है, जिसकी कोई अक़्ल नहीं है, वो यह कह रहा है। उन्होंने पूछा, क्यों? मैंने कहा, मुझे ये तमाशे पसन्द नहीं।

> दूसरा ग़लत कदम। उनमें से हो सकता है कोई उन तमाशों का प्रभारी रहा हो?

इण्टरव्यू बोर्ड में वर्दी पहने एक पुलिस अफ़सर थे, वे बोले, आपने एक विकल्प पुलिस (आई. पी. एस.) का भी लिखा है, आप वो नौकरी कैसे करेंगे? मैंने कहा, कर लेंगे, आदमी सब सीख जाता है। तीसरी बेवकूफ़ी। शून्य मिलना ही था। हम उसे लेकर चले आये। अगर हम अलीगढ़ चले भी गये होते, शून्य तब भी मिलता। कुछ दिन हम डावाँडोल रहे कि डाकघर जायँ न जायँ पर उस ज़माने में मुसलमान आदमी को इतनी बड़ी नौकरी मिलती कहाँ थी। तब नौकरियाँ भी कहाँ थीं। न टी. व्ही. स्टेशन था, न कम्पनियाँ थीं, इक्का-दुक्का पढ़े-लिखे लोगों को रेडियो में नौकरी मिलती थी।

> आप तब तक रेडियो स्टेशन शायद न गये हों?

ये सब हमारी महत्त्वाकांक्षा के बाहर की चीज़ें थीं। ये सोचा था लेखक बनूँगा पर वैसा ही जैसे बहुत से होते हैं। ज़्यादा ज़रूरत ये थी कि नौकरी करो, घर को सहारा दो, कुछ अपने को सहारा दो।

> आपने कहीं कहा है कि जो पत्रिका आपने प्रकाशित करना शुरू की और जो उर्दू की मशहूर पत्रिका रही है, उसे निकालने में जमीला जी ने बहुत योगदान दिया था।

मैं पहले प्रशिक्षण के लिए नागपुर गया। थोड़ी-बहुत शायरी भी करता था।

कभी कुछ लिख भी लिया पर दिल में ये था कि अभी और पढ़ना चाहिए, इसके बाद शायरी करना चाहिए। हमारे दो-तीन दोस्त थे, जिनमें से एक कबीर एहमद जायसी, एक थे अबरार साहब। इन लोगों से ख़तो-किताबत थी, जिनमें कभी वो अपने शे'र लिख भेजें, कभी मैं। प्रशिक्षण का समय निकल गया। कुछ दिन जबलपुर में था, दिल्ली में भी। फिर मेरी नियुक्ति गुवाहाटी में हो गयी। उस वक़्त मैंने ग़ालिब पर चार-पाँच लेख लिखे। उन्हें लिखकर मैं अपने ख़याल में, बड़े तीर मार रहा था। उन दिनों हमारे दोस्त और एक तरह के अनौपचारिक शागिर्द कबीर एहमद जायसी जामिया मिलिया से प्रकाशित होने वाले पर्चे 'अदीब' के सम्पादक थे। वे आज़मगढ़ में मेरे पास आया-जाया करते थे। मेरे साथ उठते-बैठते थे, हमारा मिज़ाज एक-सा था। उन्होंने गुवाहाटी से मुझसे कुछ लेख भेजने को कहा। मैंने ये लेख उन्हें भेज दिये। ग़ालिब पर लिखे मेरे वो लेख 'अदीब' में छप गये। पर 'अदीब' का वितरण जामिया में ही होता था। इसलिए वे लेख बाहर ज़्यादा न निकले। एकाध बार कहीं किसी ने पाकिस्तान में ये ज़िक्र कर दिया कि ग़ालिब पर नया मज़मून आया है और फ़ारूक़ी साहब ने लिखा है। ग़ालिब पर उस श्रृंखला का आख़िरी लेख मैंने गुवाहाटी में लिखकर उसे 'आजकल' में भेजा। 'आजकल' उन दिनों की प्रतिष्ठित पत्रिका थी। उसका वितरण भी ख़ूब था। एक ज़माने में उसे जोश साहब निकालते थे, उनके बाद जगन्नाथ आज़ाद उसके सम्पादक बने थे। वे जाने-माने और पढ़े-लिखे लोग थे। 'आजकल' ने उस लेख को प्रकाशन के लिए स्वीकार कर लिया। अब वो आज छपता है या कल, ऐसा करते-करते साल निकल गया। मैं गुवाहाटी से दिल्ली आ गया। वहाँ से ख़त आ गया कि हमें इस मज़मून के लिए जगह नहीं मिल रही इसलिए इसे वापस किया जा रहा है। उन दिनों अलीगढ़ से एक ऊँचे दर्जे की पत्रिका निकलती थी, आज भी निकलती है, पर वो अधिकतर फ़ारसी के बारे में होती है। प्रो. नदीम एहमद साहब इसके सम्पादक थे। मैंने वो लेख उन्हें भेज दिया। लेख का नाम कुछ इस तरह था : 'उर्दू शायरी में ग़ालिब और इक़बाल और आसमान का विचार' या ऐसा ही कुछ। वह लेख वहाँ छप गया। यह बात १९६१ की है। वह पूरा साल मैंने दिल्ली में ही गुज़ारा। एक-दो लेख मैंने और लिखे। वे भी धीरे-धीरे वहाँ छप गये। १९६३ में मैं इलाहाबाद आ गया तब वहाँ एजाज़ हुसैन साहब के चारों तरफ़ नये-पुराने लोगों की मण्डली हुआ करती थी। एजाज़ साहब के घर हर गुरुवार को बैठक होती

थी, जिसे 'थर्सडे क्लब' कहा जाता था। उस क्लब में ज़्यादातर लोग अपने लेख पढ़कर सुनाते थे, कभी-कभार कोई शायरी पढ़ता था, फिर उस पर बातचीत होती थी। एक बार कहानी पर बातचीत के दौरान मैंने अपनी असहमति व्यक्त की। एजाज़ साहब बोले कि इस विषय पर आप लिखिए। मैंने उनकी बात मानी। वह मेरा पहला मुकम्मल लेख था, जो मैंने कहानी के सिद्धान्त पर पच्चीस-तीस पेजों में लिखा था। मैंने उसे वहाँ पढ़ा। कुछ ख़ुद पढ़ा, कुछ अपने दोस्त से पढ़वाया क्योंकि मैं थक जाता था। उस पर सभी लोगों ने अच्छी प्रतिक्रिया दी अगरचे वो प्रगतिशील विचारों से बिल्कुल अलग था। सारी मुहब्बत तो मुझे रूप (फॉर्म) से थी। मेरी दिलचस्पी इसमें नहीं थी कि उसमें सन्देश क्या है, या उसकी सामाजिक प्रासंगिकता क्या होनी चाहिए या लेखक की सामाजिक प्रतिबद्धता क्या होनी चाहिए। प्रेमचन्द वग़ैरह को पढ़कर दिल भर चुका था। उस पर कितनी बात की जाय। मैंने आख्यान के सिद्धान्त पर, उसमें समय के विचार पर और इसी तरह की दूसरी चीज़ों पर लिखा था। उन दिनों फ़ोटो-वोटो कॉपी होती नहीं थी। टाइप करना हम जानते नहीं थे और दबा-दबाकर कार्बन पर कौन लिखे। उस लेख की प्रति मैंने रखी नहीं। 'थर्स डे क्लब' में सुनाने के बाद मैंने उसे अलीगढ़ भेज दिया। वैसे वो लोग क्लासिकल शायरी और फ़ारसी पर लिखे मज़मून छापते थे। पर मेरा लेख उन्हें अच्छा लगा और वे मेरे कुछ लेख छाप चुके थे। इसलिए उन्होंने कहा कि हाँ इसे छापेंगे।

उस लेख के स्रोत क्या थे और किन चीज़ों को ध्यान में रखकर वह लिखा गया था?

उसमें आख्यान का सिद्धान्त था, चरित्रों की अन्तःक्रिया और यह कि समय को कैसे चित्रित किया जाता है, मसलन दस साल में हुई किसी घटना का आख्याता आधे घण्टे में बयान कर देता है, कई बार एक दिन की घटना पूरे उपन्यास में फैल जाती है जैसा कि 'यूलिसिस' में है। आख्याता समय को कैसे तोड़ता-मरोड़ता है। कैसे यह होता है कि कोई चरित्र लेखक की गिरफ़्त से बाहर निकल जाता है जैसा कि दोस्तोएवस्की ने लिखा था कि आजकल मैं फलाँ चीज़ लिख रहा हूँ और मेरा यह बदमाश चरित्र मेरे हाथ में ही नहीं आता। मैं चाहता कुछ और हूँ, यह बन

कुछ और रहा है। मैंने उन चीज़ों को लिया, जिन पर उर्दू में कभी बात हुई ही नहीं थी। ज़्यादातर लोग सामाजिक ज़िम्मेदारी और सुधार के बारे में बात करते थे। कहते थे देहातों का हाल बयान करो। राजनैतिक प्रतिबद्धता दिखाओ। लोग यही सब कर रहे थे।

> साहित्य के रूप को लेकर कोई सजगता नहीं थी। हिन्दी के अधिकांश लेखकों में आज भी नहीं है। अब यह नासमझी और घनी हो गयी है। इसका कारण इनकी साहित्य और राजनीति की ग़लत समझ है। साहित्य का राजनीति से बहुत पेचीदा सम्बन्ध होता है जिसकी हिन्दी साहित्य में सजगता नहीं है।

उर्दू में भी नहीं थी। बहरहाल! हुआ ये कि उन्होंने भी छापा नहीं। पता नहीं किस कारण। पर मुझसे ये कहा कि वह खो गया है। उन्होंने कहा कि हमारे क्लर्क बदल गये हैं, इस कारण वह खो गया है, अगर उसकी कॉपी रखी हो तो भिजवा दें। कॉपी कौन रखता है भाई।

इन सब चीज़ों से मुझे कुछ ज़्यादा ही दुःख पहुँचा। बी. ए. के ज़माने में लिखे अफ़सानों से मैं अब आगे आ चुका था। मैंने सोचा था कि अब जो मैं लिखूँगा, अलग लिखूँगा। अब मैं शायरी या अफ़सानों से ज़्यादा आलोचना लिखकर उर्दू के लोगों को यह बताऊँगा कि हमारे यहाँ साहित्यिक समझ का कोई पुख़्ता आधार नहीं है। लोगों को यह समझाऊँगा कि कहानी क्या होती है, शायरी का आधार क्या होता है। ये सारी बुनियादी बातें कहने की ज़रूरत थी।

हैदराबाद से एक पत्रिका 'सबा' निकलती थी, उसके सम्पादक हालाँकि प्रगतिशील थे लेकिन अच्छे शायर थे, उनका नाम सुलेमान अदीब था। वे युवा लेखकों को प्रोत्साहित करते थे। मैंने उन्हें एक निबन्ध लिखकर भेजा, जिसका शीर्षक था, 'साहित्य के दर्शन पर कुछ बातें' (फ़लसफ़ा ए अदब पर कुछ मुब्तदियाना बातें)। ज़ाहिर है हमारी औक़ात ही कितनी थी फ़लसफ़ा छाँटने की पर अपने ख़याल में हम नयी ज़मीन तोड़ रहे थे। मैंने उसमें यह नहीं बताया था कि साहब सामाजिक कार्यक्रम क्या होना चाहिए, सामाजिक बदलाव साहित्य कैसे लाता है या क्रान्तिकारी शक्तियों का साथ देना है वग़ैरह, जो कुछ भी तब हमारे यहाँ चल रहा था, उसका कोई ज़िक्र नहीं किया। मैंने उसमें लिखा था कि रूप और कथ्य में क्या सम्बन्ध होता है, साहित्य में जगत का प्रतिनिधित्व कैसे होता है, यह दावा

करना ग़लत है कि कोई लेखक सच्चा यथार्थवादी है क्योंकि ऐसा कुछ होता ही नहीं है। लेखक ज़िन्दगी के छोटे-से हिस्से को लेकर अपनी तौर पर लिखता है, वही वह कर सकता है। यह लेख छप-वप गया। उन्होंने पसन्द किया। उनकी पत्रिका का वितरण बहुत दूर तक नहीं था अगरचे उनके यहाँ लिखने वाले बेहतर थे। उनके यहाँ मैं कभी-कभी लिखता था। उसी ज़माने में टी. एस. एलियट मरे। उन्होंने कहा उन पर कुछ लिख दो। मैंने उन पर पाँच-सात पेज लिखकर भेजे। मैंने कहा कि यह पहला हिस्सा है, मैं दूसरा हिस्सा बाद में लिखकर भेजूँगा। उन्होंने कहा दूसरा भी भेज दीजिये, हम साथ में छापेंगे। वह मेरे प्रकाशित निबन्धों में अपेक्षाकृत लम्बा निबन्ध था। वह संगृहीत भी हुआ। मैं उसे अब भी अस्वीकार नहीं करता। बहरहाल! मुझे यह ख़याल आया कि सुलेमान अदीब साहब छोटा-सा एक परचा निकालते हैं जिसको कोई वित्तीय सहयोग नहीं मिलता, छोटा-मोटा विज्ञापन आ गया तो आ गया। लेकिन ये अपने पर्चे 'सबा' में हैदराबाद और उसके आसपास के इलाक़े, जो पुराने हैदराबाद में थे और अब महाराष्ट्र में हैं, वहाँ के लोगों को जगह बहुत मिलती है। मैंने सोचा कि काश हमारे पास भी ऐसा कोई पर्चा होता जिसमें हम इलाहाबाद और उसके आसपास के लेखकों ख़ासकर युवाओं को प्रकाशित कर पाते ताकि वे आज़ादी से जो भी शायरी या कहानियाँ लिख रहे हैं, छपवा सकते। हैदराबाद दूर है, वहाँ के पर्चे को यहाँ लोग जानते भी नहीं हैं, न उनके पास ऐसा कोई सहयोग है, जिनके सहारे उनका दूर की पत्रिकाओं से सम्बन्ध बन सके। बशीर बद्र फ़िराक साहब के यहाँ उठते-बैठते थे, अपनी बाद की ज़िन्दगी में फ़िराक साहब अपने हाथ से बहुत कम लिखते थे, वे बोल देते थे। कुछ तो इसलिए कि लिखने में मुश्किल होती थी, कुछ इसलिए भी कि अपने आख़िरी वक़्त में वे हिज्जों के बारे में अनिश्चित हो गये थे। उन दिनों वे ग़ज़ल लिखवा देते थे। बशीर बद्र वे ग़ज़लें छपने को भेजते थे, साथ में अपनी एकाध ग़ज़ल भी डाल देते थे और लिखते थे कि ये बशीर बद्र साहब हैं, इलाहाबाद के होनहार शायर, इनका कलाम भी देख लीजिये। इस तरह जब पाकिस्तान की बड़ी पत्रिकाओं जैसे 'फ़ुनून' या 'सवेरा' में जहाँ फ़िराक साब छप रहे हैं, वे भी छापे जा रहे हैं। मैंने ख़याल किया कि हमारे यहाँ ऐसा कोई आदमी है नहीं जो ये करे, लिहाज़ा हमें कुछ अपना करना चाहिए। हमने जमीला से कहा कि रिसाला निकाला जाय, लोग कहते हैं कि वो वित्तीय दृष्टि से सम्भल

जायेगा। जैसे इलाहाबाद में अर्ध-साहित्यिक पत्रिका 'नक्हत' निकलती थी। उसमें लिखने वाले पूर्वी उत्तर प्रदेश के बहुत लोग थे। उन्होंने भी हमसे कहा कि एक रिसाला चल सकता है। 'नक्हत' वालों के बाप व्हीलर वालों के सामान्य प्रबन्धक थे। उन्होंने कहा कि मैं अपने बाप से कहकर आपका रिसाला व्हीलर पर रखवा दूँगा, उससे कुछ बिक्री हो जाया करेगी और उसका विज्ञापन भी हो जायेगा। ऐसा हुआ भी। एक तो वह नये ढंग से छपी हुई पत्रिका थी, अगरचे नाम कुछ प्रोग्रेसिव था, 'शबख़ून' पर उसमें सामग्री बेहतर थी, और उसमें अनुवादों के कारण अन्तर्राष्ट्रीय महक भी थी। वह बिकी भी। व्हीलर की दुकानों पर उसकी बिक्री अच्छी होती थी। बीवी ने कहा कि चलो निकालते हैं।

तब आप दिल्ली में थे या कहीं और तबादला होकर चले गये थे?

मैं इलाहाबाद आ गया था। यह १९६५ की बात है। उसी ज़माने की जब एलियट के मरने पर मैंने मज़मून लिखा था। जब रिसाले की योजना बनी, एजाज़ साहब और एहतेशाम साहब ने, अगरचे वे प्रगतिशील थे, पूरे दिल से साथ दिया। वे जानते थे कि मैं प्रगतिशील नहीं हूँ बल्कि मेरे दिमाग़ में उसके ख़िलाफ़ ख़यालात भी हैं। एजाज़ साहब ने यह भी कहा कि मैं इसका सम्पादक बन जाऊँगा ताकि तुम लोगों को इस बात से सहयोग मिल सके कि उर्दू का सबसे वरिष्ठ लेखक तुम्हारी पत्रिका का सम्पादक है। वे मशहूर लेखक थे भी। बिस्मिल्लाह, मैंने वो रिसाला निकाला। वह बहुत चल गया। उसमें आधुनिक लेखन के बहुत-से विवाद भी प्रकाशित हुए। अन्ततः सालभर बाद एजाज़ साहब धीरे-धीरे करके बाहर हो गये। न मैंने कहा अलग होइये, न उन्होंने कहा अलग होऊँगा, लेकिन हम लोगों ने उनका नाम हटा दिया। वे कुछ बोले नहीं। उस वक़्त तक लकीरें साफ़ हो गयी थीं। अगरचे यह अच्छी पत्रिका है, आमतौर पर निष्पक्ष नज़र आती है लेकिन यह प्रगतिशील विचारधारा के विरोध की पक्षधर है। हमने कुछ प्रगतिशील लोगों को आमन्त्रित भी किया था जैसे उपेन्द्रनाथ अश्क, जाफ़र रज़ा। हिन्दी के इलाचन्द जोशी से भी कुछ-कुछ ले लिया करते थे। बेदी साहब के अलावा सरदार जाफ़री से भी हमने आग्रह किया। कुछ दिन बाद उनकी नज़्म भी हमें मिल गयी। आमतौर पर पत्रिका ग़ैरप्रगतिशील बल्कि प्रगतिशील विरोधी ही जानी जाती थी। कुछ लोगों ने कहा कि इसे

अमेरिका से सहयोग मिल रहा है, इसे ज़रूर सी. आई. ए. से पैसा मिलता होगा क्योंकि कोई उर्दू की पत्रिका इतने अच्छे काग़ज़ पर, इतनी नियमित, हर बार नये आवरण के साथ और अच्छी सामग्री से भरी हुई हो तो यह किसी बेचारे हिन्दुस्तानी के बस के बाहर की चीज़ है। यह साफ़-साफ़ प्रगतिशील विरोधी भले न हो पर इसमें उन लोगों को जगह मिल रही है, जो प्रगतिशील नहीं है। या जो प्रगतिशीलता से हट गये हैं जैसे अलीगढ़ के खलीलुलरहमान आज़मी या अमीक़ हनफ़ी, मज़हर महदी जो लखनऊ के थे, अपने को ज़िन्दगी भर वामपन्थी कहते रहे लेकिन प्रगतिशीलों से उनकी कभी बनी नहीं, वे भी हम लोगों के यहाँ लिखने लगे। ऐसा था कि गोया ये लोग चाहे खुले रूप में प्रगतिशील विरोधी नहीं भी थे, लेकिन उनके पक्ष में भी नहीं थे और प्रगतिशीलों के पक्ष में न होने के कारण इन लोगों में प्रगतिशीलों का-सा शोरोगुल नहीं था। इस सबके कारण हमें गाली पड़ना शुरू हो गयी कि ये लोग अर्थ का तिरस्कार करते हैं, साहित्य के सामाजिक कर्तव्य को नकारते हैं, ये चाहते हैं कि साहित्य दुनिया के किसी कोने का न होकर हवा में लटका हो। यह सब हुआ तब भी सारे युवा लोग हमारी पत्रिका की ओर खिंचे चले आये। हमने उसमें जिन बातों पर ज़ोर दिया था, उनमें पहली यह थी कि साहित्य में प्रयोगधर्मिता का स्वागत होना चाहिए। भले वह बहुत अच्छी न निकले। दूसरा कि कहानी या गल्प में प्रेमचन्द के आदर्श को सेंध लगाने में हम हर तरह से तैयार हैं। आप उस आदर्श को प्रश्नांकित करें, हम आपकी कथा को प्रकाशित करेंगे। सुरेन्द्र प्रकाश, बलराज मेनरा आदि लेखक हमने प्रकाशित किये। दिल्ली के कई युवा लेखक भी आगे आये। हमने ये भी कहा कि हम किसी के कहे में नहीं हैं, किसी के कहने से नहीं लिखते, हो सकता है हम वही बात कहें जो आप कह रहे हैं तब भी हम आपके कहने से वो नहीं लिखेंगे जैसा कि कामू ने कहा था कि अगर कभी सही और ग़लत, सत्य और असत्य का झगड़ा आन पड़े, मैं हमेशा सत्य की तरफ़ ही खड़ा रहूँगा लेकिन मैं ऐसा किसी के कहने से नहीं करूँगा। मैं मज़ाक़ भी करता था कि स्तालीन मर भी नहीं पाये थे, सिर्फ़ मृत्युशय्या पर थे कि यारों ने नज़्में लिख-लिखकर तैयार रखी थी कि कब वह मरेगा और कब वे उसे छपवायेंगे। हमने कहा, ये क्या ज़रूरी है कि अगर महाराष्ट्र में बाढ़ आ गयी, हम उस पर नज़्म ज़रूर लिखें, हमारा दिल चाहेगा लिखेंगे न चाहेगा न लिखेंगे। इस सबके कारण जब १९६७ में आधुनिकता पर सम्मेलन

हुआ तो ये कहा गया कि यह एक आन्दोलन है। इस पर हमने कहा कि अगर ऐसा है तो इस आन्दोलन के अध्यक्ष कौन साहब हैं, सचिव कौन हैं, इसका ऑफ़िस कहाँ है। हमारा कहना था कि यह साहित्य की नये लेखन की एक प्रवृत्ति है। तुमने जो अभी ऑडेन को उद्धृत किया था, हम भी उसे उद्धृत कर कहते थे कि कोई पीढ़ी तब तक विश्वसनीय नहीं हो सकती, जब तक वह अपने पहले की पीढ़ी को पूरी तरह चुनौती न दे। बल्कि एक हद तक उसे ख़ारिज न कर दे। वरिष्ठ लेखकों में आले एहमद सुरूर साहब हमारे समर्थक रहे, वे हमेशा से ही खुले दिमाग़ के थे। वे शायर और आलोचक थे, आलोचक बहुत बड़े थे और उनका प्रभाव बहुत था। वे अगरचे प्रगतिशील लेखकों के साथ उठते-बैठते थे, ख़ुद प्रगतिशील नहीं थे। जब वे लखनऊ में थे, उनके घर पर हर महीने प्रगतिशीलों की बैठक हुआ करती थी, लेकिन उनका नाम प्रगतिशीलों से जुड़ा नहीं था। उनकी दोस्ती सभी से थी। उन्होंने हमारे समर्थन में कहा कि आदमी को अपनी बात कहने का मौक़ा मिलना चाहिए। इसका उसे हक़ है। हम यही कह रहे थे। साहित्य के लिए व्यक्ति समुदाय से अधिक महत्त्व का है। यह जो समुदाय आधारित लेखन है यानि जो पार्टी कहे वही मैं लिखूँ तो जो मेरे अन्दर है, उसे मैं कब बाहर लाऊँगा। लेखक का यह इसरार हुआ करता है कि मैं किसी राजनैतिक दल के कहने में नहीं हूँ। मेरी मुक्ति इसी में है कि मैं अपनी बात कहूँ। पक्षधरता पर मैंने एक निबन्ध लिखा था, उसमें मैंने यह तर्क दिया था कि मैं किसकी पक्षधरता करूँ? सत्य की? स्टीफ़न जॉर्ज ने नाज़्त्सी आन्दोलन को समर्थन दिया था, तो क्या यह मानें कि उसने अच्छा किया? क्या मैं किसी राष्ट्रीयतावादी पार्टी के सत्य की पक्षधरता करूँ? हम यह ज़रूर कहें कि स्टीफ़न जॉर्ज महान लेखक था पर नाज़्त्सियों को उसका समर्थन देना ग़लत था। मैंने इस पर लम्बा-चौड़ा निबन्ध लिखकर विश्व साहित्य से ढेरों मिसालें दीं। बहरहाल हमने कहा, हम इसके लिए बाध्य नहीं हैं कि आप हमारी बात समझें। मैं आपके स्तर पर नहीं उतरूँगा। अगर आप मुझे पढ़ना चाहते हैं, आपको मेरे स्तर पर आना पड़ेगा। आ सकते हों तो आइये, न आ सकते हों तो अल्लाह अल्लाह कीजिए। वे कहने लगे, आप छपवाते क्यूँ हैं? इसका जवाब ये है कि चार आदमी तो हमें पढ़ने वाले हैं। मैंने अपनी शायरी की पहली किताब के आख़िर में बहुत-सी बातें लिखी थीं, उनमें से एक के बारे में बताता हूँ। दिल्ली के एक शायर थे बद्रे चाच। चाच एक जगह का नाम

है। फ़ारसी में यह बहुत चलता है कि शायर के नाम के साथ जगह का नाम जोड़ दें। बद्रे चाच यानि चाच का बद्र। बद्र उनका तख़ल्लुस था। वे तुग़लक के ज़माने के थे और बड़ी मुश्किल शायरी करते थे। किसी ने उनसे कहाँ कि चाच तुम्हारी शायरी सिर्फ़ दो लोग समझ सकते हैं, चाच ने जवाब दिया, 'मैं उन्हीं दोनों के लिए लिखता हूँ।'

आपकी पत्रिका की तीखी प्रतिक्रिया हुई होगी। उर्दू के साहित्य जगत में उसके जवाब में भी कुछ हुआ होगा।

हमारी पत्रिका के जवाब में कई पत्रिकाएँ निकलीं। इलाहाबाद से तो उसके ख़िलाफ़ एक पत्रिका बचे हुए प्रगतिशीलों ने निकाली थी, 'शबरंग।' हमारी पत्रिका का नाम था, 'शबख़ून' यानि 'दुश्मन पर रात में अचानक हमला'। पहले लोगों ने कहा कि मालूम देता है कि जासूसी पत्रिका है, हमने कहा कि आप यही समझ लीजिये। इलाहाबाद से ही एक और 'शबरंग' क़िस्म की पत्रिका निकली। वह भी 'शबरंग' की तरह ही कुछ महीनों चलकर बन्द हो गयी। कुछ पत्रिकाएँ हमारी पत्रिका के प्रभाव में निकलीं। भोपाल से 'मिज़ाज' निकली। उसमें फ़ज़ल ताबिश वग़ैरह शामिल थे। शमीम एहमद भी उसमें थे, जो बाद में दिल्ली आ गये थे। वह बड़ा अच्छा पर्चा था। पटना से भी ऐसा ही एक पर्चा निकला। नासिक से भी 'जवाज़' निकला। हमने यह भी तय किया था कि तीन अंकों की सामग्री हाथ में रखकर ही हम पर्चा छापेंगे कि वह नियमित हो। पैसे की कोई नहीं परवाह, हमारे घर में मौजूद है। हमारी बीवी खुले दिल से 'शबख़ून' को पैसा दिया करती थीं। मैं अपनी सारी तनख़्वाह उन्हीं को दे दिया करता था कि वे जानें जो करना है करें और वे बेरोकटोक हमारी पत्रिका की जब भी जैसी आर्थिक ज़रूरत हो, पूरी कर देती थीं।

पत्रिका के प्रूफ़ आदि आप ही देखते थे ?

ज़्यादातर। हमारे साथ एकाध लोग थे पर ज़्यादातर हमीं देखते थे क्योंकि उसमें सम्पादन बहुत करना पड़ता था। ग़लत उर्दू को दुरुस्त करना पड़ता था। हालाँकि तब बहुत लोग ग़लत उर्दू नहीं लिखते थे पर फिर भी उसकी शुरुआत हो चुकी थी। उर्दू ठीक करना, वाक्य अगर उखड़ा-उखड़ा हो,

उसे दुरुस्त करना, पैरेग्राफ़ बनाना, यह सब हम करते थे। शुरू-शुरू में पत्रिका पर पता लिखकर भेजने का काम भी हमीं किया करते थे। एक-दो साथी थे, हामिद जो मर गये, जाफ़र रज़ा थे, बाद में वे प्रोफ़ेसर हो गये। अब बहुत बूढ़े हैं। कुछ दिन मैंने अपने भाइयों से मदद ली जैसे महबूब की, जो दास्तानगोई वाले महमूद फ़ारूक़ी का बाप था, वो बाद में 'आजकल' का सम्पादक हो गया था, वह अभी हाल ही में मरा है। उसने हमारे साथ बहुत दिन काम किया। एक और कज़िन याकूब ने भी हमारे साथ काम किया। एक हमारे दोस्त इर्शाद हैदर जो शायर थे, उन्हें भी मैंने लगाया, वे मेरे साथ बहुत दिन चले। मैं तबादला लेकर लखनऊ चला गया फिर कानपुर, फिर दिल्ली लेकिन ये लोग मिलकर काम करते रहे।

'शबख़ून' निकलती इलाहाबाद से ही रही?

हाँ, लेकिन बाद में थोड़ी अनियमित हो गयी। ख़ासकर तब जब इस पर पार्टी पोलिटिक्स का दबाव बढ़ने लगा। लोगों ने दबाव डालना शुरू कर दिया कि इसको छापो, इसको मत छापो। मैं मानता नहीं था और मैं ढीला पड़ गया। बहरहाल, बीवी हमारी पैसा देती रहीं। उस समय तक हमारी कुछ किताबें छप गयी थीं, उसका पैसा भी आ जाता था। जब मैं १९९४ में इलाहाबाद लौटकर आया, मैंने उसे नियमित करना शुरू किया। उस समय तक मेरी किताबों से इतना पैसा आने लगा था, जिससे मैं पत्रिका को आर्थिक दृष्टि से स्वतन्त्र कर सकता था। उस समय तक उर्दू के चाहने वाले बहुत सारे अप्रवासी भारतीय भी हो गये थे। वे भी हमारा सहयोग करने लगे। वो इस तरह कि हमारी सीधी-सादी नीति थी कि अगर देश में हम पत्रिका पाँच रुपये में बेच रहे हैं तो उसे विदेश में पचास में बेचेंगे। हम उन्हें हवाई डाक से भेजते थे। बहुत-से लोग पत्रिका के लिए अग्रिम पैसा दे देते थे। १९९४ से हम आत्मनिर्भर हो गये। उसके पहले तक जब भी कोई ज़रूरत पड़ी, हमारी बीवी ने बिना मुझे बताये या शिकायत किये निकालकर पैसे दे दिये। उनके बग़ैर यह पत्रिका न चलती बल्कि न निकलती। वह पत्रिका न होती तो फ़ारूक़ी साहब भी न होते। उससे फ़ारूक़ी साहब को खुला मैदान मिल गया था। अब उन्हें यह इन्तज़ार नहीं करना था कि उनका लेख छपेगा या नहीं, ग़ज़ल छपेगी या नहीं, वह कहीं पत्रिकाओं के दफ़्तर में खो तो नहीं जायेगी। अब यह मुमकिन था कि मैं

जो चाहता सो लिखता। तो हमने निबन्ध, समीक्षाएँ, कविताएँ, अनुवाद आदि अपने नाम से और दूसरों के नाम से जैसे भाई के नाम से, बीवी के नाम से, फ़र्ज़ी नाम से लिखे। पत्रिका का पेट भरने जो भी ज़रूरी था, सब किया।

ये तो आपने कमाल किया था। अच्छी पत्रिकाएँ ऐसे ही निकल सकती हैं। आपने किन लेखकों की कृतियों का सबसे पहले अनुवाद किया था ?

हमने 'शबख़ून' के पहले अंक में फ्रांसीसी कवि वर्लेन की दो कविताओं का सीधे मूल से अनुवाद किया था। उतनी फ्रांसीसी मैंने तब तक सीख ली थी। हम उसे सीधे पढ़ लेते थे, मुश्किल हुई तो अँग्रेज़ी से मिलाकर देख लेते थे। एक हमारे दोस्त थे, अब वो बहुत बीमार हो गये हैं, उन्हें दूसरे अंक के लिए मैंने बोर्ख़ेज की दो कहानियाँ दी थीं कि वे उसका अनुवाद करें।

१९६७ में ! मैं चकित इसलिए हो रहा हूँ क्योंकि तब तक हिन्दी में निर्मल वर्मा के अलावा बहुत कम लोग उन्हें जानते थे।

ये तभी की बात है। वे अनुवाद करके लाये, मैंने उन्हें काट-कूटकर ठीक करके छाप दिया। कुछ लोग देखा-देखी क़रीब आ गये जैसे इलाहाबाद में एक चित्रकार थीं अमीना अक्स, वे नूरुद्दीन एहमद की लड़की थीं, किसी आहूजा, जो आई. एफ. एस. था, को ब्याही थीं। वे रूसी ख़ूब जानती थीं। वे भी रूसी से सीधे अनुवाद करके भेजने लगीं। मुझे कई लोग ऐसे मिल गये, जो मूल भाषाओं से सीधे अनुवाद कर रहे थे, अरबी से, रूसी से या फ्रांसीसी से और हम लोग जो अँग्रेज़ी के माध्यम से कर रहे थे, वे तो थे ही। हिन्दी के लिए जाफ़र रज़ा थे। हम उनसे अनुवाद कराया करते थे। उस ज़माने में जितने लेखक आसपास थे, जैसे शमशेर बहादुर सिंह, जगदीश गुप्त उन सबसे चीज़ें लेकर उनका अनुवाद कराकर हम छापते थे। हिन्दी के अलावा मराठी, बंगाली, गुजराती, वग़ैरह भाषाओं से हम अनुवाद कराते थे। हमने जीवनानन्द दास आदि अनेक भारतीय भाषाओं के लेखकों के अनुवाद छापे। गुजराती में हमारी मदद लाभशंकर ठकार करते थे, मराठी में बिन्दा करन्दीकर। हमारी पत्रिका की इस तरह

सार्वलौकिक छवि बनी। मैंने शुरू के पाँच-दस अंकों में लोगों की रुचि बढ़ाने रिचर्ड वॉन क्राफ्ट एबिंग की किताब 'सायकोपेथिया सेक्सुएलिस' का अनुवाद कर उसे छापा। डरावनी कहानियाँ या जासूसी कहानियाँ जो भी मुझे अच्छी लगती थीं, उन्हें भी अनुवाद कर छापता था। मैं शहराज़ाद के नाम से अनुवाद करता था। मतलब हमने उसे भरपूर बनाने में कोई कसर नहीं छोड़ी थी। मैंने अपने छोटे भाई को भी प्रोत्साहित किया क्योंकि वो भी लिखता था, उसने कुछ अनुवाद किये, कुछ ख़ुद से लिखा। इस तरह मेरी स्वप्रेरणा, मेहनत, खुला दिमाग़ीपन और युवा लोगों को ज़ोर-ज़ोर से प्रोत्साहित करने और स्वीकार करने की प्रवृत्ति के अच्छे नतीजे आये। कई बरसों बाद एक साहब ने झुँझलाकर पूछा कि आप किन लोगों को छापते हैं। मैंने मुस्कुराकर जवाब दिया, मैं उन लोगों को छापता हूँ, जिन्हें कोई नहीं छापता। आज जब मैं मरने के क़रीब हो गया हूँ, तब जो हज़ार चीज़ें आप मुझमें देख रहे हैं, वे सामने न आयी होतीं, अगर यह पत्रिका न होती और अगर इसे मेरी बीवी ने सहारा न दिया होता तो फ़ारूक़ी साहब भी कई औरों की तरह स्थानीय मुशायरों में जाकर, अख़बारों में छपी उनकी ख़बरों को काटकर डायरी में चिपकाकर रख रहे होते।

कुछ वक़्त का भी तक़ाज़ा था क्योंकि लोग प्रगतिवाद की टाँय-टाँय से तंग आ गये थे। बड़े लोग सब थककर बाज़ार में उतर गये थे। कृश्न चन्दर, राजेन्दर सिंह बेदी या इस्मत चुग़ताई, ये चिल्लाने में कितने ही क्रान्तिकारी क्यूँ न रहे हों पर वास्तविक ज़िन्दगी में ये सब बाज़ार के लेखक थे। जहाँ पैसा मिलता था, वहाँ लिखते थे। बेदी साहब का ऑफ़िस खुला हुआ था। आज उन्होंने उर्दू में कहानी लिखी, तुरन्त ही कोई हिन्दी में, कोई मराठी में, कोई बंगाली में उसका अनुवाद कर रहा होता और दस दिन में ही वह कहीं 'धर्मयुग' और तमाम जगहों पर कई भाषाओं में छप जाती थी। उसका पैसा उनके हाथ आ जाता था। कोई यह ज़रूर करे पर उसे साहित्य कहना मुश्किल है। मैंने बेदी साहब के एक उपन्यास की समीक्षा की, उसमें लिखा कि यह वो लेखन नहीं है, जिसके लिए हम बेदी साहब को जानते हैं। पर ये लोग उदार थे। कृश्न चन्दर ने हमें 'वेटिंग फ़ॉर गोदो' का अनुवाद करके दिया था। इतना बढ़िया अनुवाद उन्होंने किया था कि वह दोबारा भी छपा पाकिस्तान में। इस नाटक के चरित्र पोजो के अनर्गल भाषण का ऐसा ख़ूबसूरत अनुवाद था कि आप अश-अश कीजिए।

'शबख़ून' के लगातार प्रकाशन से उर्दू साहित्य पर व्यापक रूप से क्या प्रभाव आपकी निगाह में पड़ा?

हमने एक मनगढ़न्त तारीख़ १९६० की रखी थी, जहाँ हमने कहा कि इसके पहले १५ बरस तक प्रगतिवाद का बहुत चलन था, ६० तक आते-आते यह कम होने लगा था और तब कुछ युवा लेखक सामने आये। इस तरह हमारी पीढ़ी १९६० की है। उसी की देखादेखी कुछ लोग यह कहने लगे बल्कि अब भी कहते हैं कि हमारी ८० की पीढ़ी है और वो आप लोगों से यानि हम लोगों से अलग है। हमने कहा, दिखाओ कहाँ अलग है। हमारे भाई गोपीचन्द नारंग साहब ने सोचा कि यह बड़ी गड़बड़ हो रही है, मेरी कुर्सी हाथ से चली जा रही है तो उन्होंने कहा, पोस्ट-मॉडर्निज़्म, पोस्ट-स्ट्रक्चरलिज़्म भी एक चीज़ है, देरिदा है, थ्येरी है, वे यह सब हाँकते चले गये। इस पर पत्रिकाओं पर पत्रिकाएँ, किताबों पर किताबें छपती गयीं, सेमिनार पर सेमिनार हुए। मैंने इस पर लिखा कि हमारे पाँच-छः दिशा-निर्देशक सिद्धान्त ये हैं कि लेखक को हमेशा अपने दिल की बात कहने की आज़ादी मिलना चाहिए, उसे किसी राजनैतिक कार्यक्रम का मातहत नहीं होना चाहिए, प्रयोगधर्मिता को स्वतन्त्रता मिलनी चाहिए, लेखक पर ग़ैरलेखकीय ज़िम्मेदारी नहीं ठोकी जाना चाहिए। १९६७ में अलीगढ़ में हुए सेमिनार में मोहम्मद हसन आये और कहने लगे कि साहब असम में बाढ़ आयी हुई है और आप यहाँ ये सब बहसें कर रहे हैं। हमने इस पर कहा कि बाल्टी लेकर पानी उलीचना हमारा काम थोड़ी न है। मैंने ज़ोजेफ़ ब्रॉड्स्की को उद्धृत किया और कहा कि लेखक की सबसे बड़ी सामाजिक ज़िम्मेदारी ये है कि वह अच्छा लिखे। हमने कहा, हमारा काम नारा लगाना, झण्डा या बाल्टी लेकर जाना नहीं है। आज वहाँ बाढ़ आयी तो वहाँ चले गये, परसों कहीं महामारी फैल गयी तो वहाँ चले गये तो आख़िर हम लिखेंगे कब, भाई। ये मैंने तब कहा था। फिर मैंने कहा कि आप १९९४ में या २००४ में या २०१४ में इनमें से किसी एक बात से इन्कार करते हैं। मैंने उनसे कहा कि आप यह कहते हैं कि हम लोगों ने 'कहानी' का हरण कर लिया, उसे गुम कर दिया, उसमें से प्लाट ग़ायब कर दिया। पर ऐसा कहाँ हुआ। हमने सिर्फ़ यह कहा कि प्रेमचन्द अकेले 'मॉडल' नहीं हैं। और मॉडल भी हैं जिनमें समय के सिलसिले को तोड़ा जाता है। आप लोग ज़्यादातर चरित्रों पर जाते थे, हम घटनाओं पर जाते

हैं। हमारा कहना है कि परम्परा में घटना अधिक महत्त्व की होती थी और इसलिए हम ऐसा भी कर सकते हैं कि हमारे चरित्रों के नाम केवल क, ख या ग हो जायँ। या हम नंगे सरवाला या लँगड़ा आदमी उसका नाम रखें। हमारे लिए चरित्र का महत्त्व नहीं है। हमें दिलचस्पी उसके सूरतेहाल में है। हम उसमें उसे डाल रहे हैं। हम यह नहीं कह रहे हैं कि प्रेमचन्द का ढंग उनके ज़माने में वैध नहीं था। मैंने एक लम्बा निबन्ध अलीगढ़ में पढ़ा था, 'पश्चिम की परम्परा और आधुनिकता'। उसमें लिखा था कि पुराने को नया नकारता नहीं है, नया पुराने के ऊपर टिप्पणी होता है। पश्चिम में उपन्यास कहाँ से कहाँ पहुँच गया। रॉब्बग्रियें साहब तो यह कह रहे हैं कि मेरे उपन्यास की ख़ूबी ये है कि वह उपन्यास ही नहीं है। जेम्स ज्वाईस ने कहा था कि मैं ऐसी भाषा लिखूँगा, जो न ज़मीन पर होगी न आसमान पर, और उसने 'फिनिगन्स वेक' लिख मारा। उसके एक-एक कामा और फुलस्टॉप पर आज तक बहस चल रही है। लेकिन इसका यह मतलब नहीं है कि चार्ल्स डिकन्स ख़ारिज हो गये। वे भी हैं। नया पुराने का विस्तार करता है। मैंने परसों यह बात अलीगढ़ में कही कि आप लोग यह समझते हैं कि आप लोगों ने कोई बड़ा भारी आन्दोलन कर डाला है। हम लोगों पर यह आरोप लगता था कि हम लोग परम्परा के ख़िलाफ़ हैं पर हम नहीं आप लोग ख़िलाफ़ थे। आप लोगों ने ग़ज़ल के ख़िलाफ़ लिखा, पुरानी शायरी को रद्द किया क्योंकि उसमें आपके हिसाब से सामाजिक क्रान्ति नहीं थी, उससे बदलाव नहीं आ रहा है वग़ैरह। हमने तो ख़ुद को पुरानी शायरी से जोड़ा है। जब जोड़ा तो गोपीचन्द नारंग के चापलूसों ने कहा कि फ़ारूक़ी साहब अतीत के खण्डहरों में पनाह ले रहे हैं। जो पीढ़ी अपने अतीत को खण्डहर कहे, उस पर लानत है। वो डूब मरने के काबिल हैं जो ग़ालिब, मीर, सौदा, मलीह औरंगाबादी, नुसरती दख़नी को खण्डहर बतावें। हमने ये लिखा था कि पुरानी और नयी शायरी में कोई फ़र्क़ नहीं, दोनों शायरियाँ हैं। ये बातें मैंने १९६७ में कही थीं, आज इनमें से आप लोग किसे ग़लत कहेंगे। मैं तो उम्मीद लगाये हूँ कि वो दिन आये जब यह कहा जा सके कि फ़ारूक़ी साहब ग़लत हैं, वे अलग बैठ जायँ अब तो हम हैं, और हम ये कह रहे हैं। मैंने कहा, आप मुझे ये दिखाइये। हम पर ये इल्ज़ाम ग़लत है कि हम नये लोगों पर ध्यान नहीं देते। हम भी एक ज़माने में ये कहा करते थे कि ये लम्बे-चौड़े प्रगतिशील, जो मठाधीश बनकर बैठे हुए हैं, ये हम लोगों को न पढ़ना चाहते हैं और न समझते हैं। मैं उनकी

तरह नहीं हूँ। मैं समझने की कोशिश भी करता रहा हूँ और पत्रिका के लिए आयी ढेर-सी सामग्री को पढ़ता भी रहा हूँ कि पता चले कि युवा लोग क्या लिख रहे हैं। मुझे डर रहता है कि मुझ पर बुढ़ापे की मुहर न लगा दी जाय। मेरा दिमाग़ बन्द नहीं है पर मुझे नयापन लिये आदमी नहीं मिल रहे हैं तो मैं क्या करूँ। पाकिस्तान में कुछ लोगों ने कहा कि आपने मीर पर चार-चार जिल्दें लिख दीं, ग़ालिब पर लिख दिया, आप हम पर क्यूँ नहीं लिखते। मैंने कहा, उसे आप अपने बीच से ढूँढ़िये, जो आप पर लिखे। अपना आलोचक ख़ुद लाओ, हमसे क्यूँ कहते हो? मैंने बहुत-से नये लोगों पर लिखा भी है, बानी साहब पर दो लेख लिखे, हमारे यहाँ के बड़े शायर थे। पाकिस्तान के भी कुछ लेखकों पर लिखा, सब पर नहीं लिखा, जिस पर मन आया लिखा। मैं किसी पर लिखने बाध्य नहीं हूँ। अगर आप नया लिखेंगे, नया आलोचक पैदा हो जायेगा। इसमें कोई शक नहीं कि आज भी लोग प्रयोग कर रहे हैं। तरह-तरह की गद्य कविताएँ लिख रहे हैं, कई पुराने रूप जिन्हें किसी ने उर्दू में बरता भी नहीं था, उनमें लिख रहे हैं, जैसे 'माहिया' पर पूरी-पूरी किताबें लिखी गयी हैं, 'कहमुकरनी' एक रूप है, जिसे खुसरो साहब के साथ किसी ने मंसूब कर दिया है, बहुत से लोग उसमें लिख रहे हैं। मेरा कहना यह है कि दस-दस या बारह-बारह ढंग से लिखने से कुछ हासिल नहीं होता। पहली बात ये कि आप यह दिखाइये कि इसकी ज़रूरत क्या है। १९३० के दशक में उर्दू के बड़े-बड़े शायरों ने सानेट लिखे, पर वे नहीं चले क्योंकि उनकी कोई ज़रूरत नहीं थी। आपके पास कहने को कुछ नया होना चाहिए। एक साहब ने ख़त लिखा था कि आप कहते हैं कि लेखकों को पढ़ना चाहिए जबकि मेरा मानना है कि पढ़ने की ज़रूरत क्या है।

'शबख़ून' के प्रकाशन के दौरान आप सिर्फ़ आलोचनात्मक लेखन ही कर रहे थे या कुछ अफ़साने लिखना शुरू किया था?

थोड़ी-बहुत शायरी लिख रहा था और बहुत सारी आलोचना। मैं समीक्षाएँ बहुत लिखता था, उस ज़माने में वे बहुत चलीं और किताबों में जमा भी हुईं। 'शहराज़ाद' नाम मैंने रखा हुआ था, जिससे मैं कहानियों के अनुवाद करता था और जावेद जमील नाम से उस ज़माने में एक कहानी लिखी। वो पाँच-सात पन्नों की कहानी थी, जिसमें आधे राब्बग्रियें थे और आधे

जॉन लेकारे। मेरा ख्याल है, वह बड़े मज़े की कहानी थी, उसके बारे में बताऊँ?

बिल्कुल बताइये...

उसमें एक आदमी की हत्या होती है, वह स्टेशन पर उतरता है और शाम हो रही होती है। अनजान आदमी है और जगह भी अनजान है। उसे कहीं जाना है। वह फँस जाता है और उसे ग़लती से मार दिया जाता है। कहानी के पहले भाग में हत्यारे की निगाह से बयान हुआ है और दूसरे भाग में जिसकी हत्या हुई है, उसकी निगाह से कहानी बयान की गयी है।

यह बहुत बढ़िया ढंग जान पड़ रहा है...

मैंने उसे वहीं ख़त्म किया था जहाँ से शुरू किया था : मैं जब स्टेशन पर उतरा शाम हो रही थी। कोई जानता नहीं था कि जावेद जमील कौन है, वे सोचते होंगे कि वो ही होगा जो 'शबख़ून' में लिखता रहता है इसलिए उस कहानी पर लोगों का बहुत ध्यान नहीं गया। उस ज़माने में उस क़िस्म की कहानियाँ चल रही थीं जिनमें थोड़ा बहुत रहस्य, थोड़ा अमूर्तन और थोड़ा कुछ प्रतीकवाद कह लीजिये होता था। इसलिए कुछ ध्यान इस कहानी पर गया था। मेरे मन में ग़ज़ल लिखने की बचपन से जो हूक थी, उसको 'शबख़ून' में आलोचना, सिद्धान्त लेखन और आधुनिक लोगों को आगे बढ़ाने की चेष्टा ने मार कर रख दिया। मैं नये लोगों पर लिख रहा था। मैंने मुहम्मद अल्वी पर लिखा, बानी साहब की शायरी पर एक नोट लिखा, फिर एक-एक करके दो निबन्ध लिखे। मैंने शहरयार साहब पर तीन लेख लिखे। वे फरमाइशी थे पर सच्चे थे, दिल से लिखे हुए।

शहरयार को शुरुआत में आपने ही प्रकाशित किया था?

हमने उन्हें बहुत छापा। वैसे खलील साहब की वजह से वे पाकिस्तान में छपने लगे थे। यह वही कहानी थी जो मैं आपको बता चुका हूँ। खलील रहमान जाने-माने लेखक थे और पाकिस्तान में बड़ी-बड़ी पत्रिकाओं में छपते थे। कई बार वे शहरयार की चीज़ें भी भेज देते थे, यह कहकर कि यह हमारा दोस्त है, अच्छा शायर है। धीरे-धीरे शहरयार साहब ख़ुद से

क़ायम हो गये। शुरू में वे बहुत अच्छे शायर थे, ग़ज़लों में भी और नज़्मों में भी। बाद में वे थोड़े ढीले पड़ गये। वे पुरस्कारों और विदेश की यात्राओं के चक्कर में पड़ कर कमज़ोर हो गये। यह सब उन्हें गोपीचन्द नारंग के यहाँ से मिलता था।

क्या उनसे आपके ज़ाती ताल्लुक़ात भी थे?

हमारे बीच बहुत आना-जाना था। जब हम इलाहाबाद में थे, अलीगढ़ बिल्कुल पास था। हम पोस्ट ऑफ़िस में थे। हमारा इलाक़ा इलाहाबाद से दिल्ली तक का था। उस ज़माने में यह भी नहीं था कि रेलगाड़ी में जगह मिलेगी भी या नहीं। स्टेशन गये और फर्स्ट क्लास में जाकर बैठ गये। हम जाते-आते भी बहुत थे। जब मैं दिल्ली आ गया, शहरयार वहाँ मेरे साथ ही ठहरते थे, बाद में वे कहीं और ठहरने लगे, ख़ैर...। नये लोगों पर लिखते हुए मैंने ज़िन्दगी गुज़ार दी। इस सबने मेरे अन्दर के अफ़सानानिगार का गला घोंट दिया।

गला नहीं घोंट दिया, सुला दिया। इसीलिए बाद में आपके भीतर सोया वह जाग गया और अब तक जाग रहा है।

उसकी भी एक कहानी है, बाद में बताता हूँ। कविताएँ लिखीं पर वे भी कम लिखीं। मैंने कितने पन्ने आलोचना आदि के लिखे हैं, मुझे ख़ुद याद नहीं, बल्कि मैंने भुला दिया है पर मेरा ख़्याल है वे एक लाख से कम न होंगे और कविताएँ बमुश्किल ढाई सौ पन्नों की होंगी, वो भी तब उन्हें फैला-फैलाकर छापिए। कविताओं का मेरा आख़िरी संग्रह १९९४ में आया था। फिर कभी तौफ़ीक़ ही नहीं हुई। अब कोशिश कर रहा हूँ। कुछ लोगों को जमा कर रहा हूँ कि बैठो, तुम लोग ढूँढ़ कर निकालो जो कुछ भी है। मुझमें इतनी ताक़त अब बाक़ी नहीं। हमारे आत्मीय इरशाद ने ढूँढ़कर मेरी लिखी सारी समीक्षाएँ निकालीं। वे चार-पाँच सौ पन्ने की थीं। उसकी मृत्यु हो गयी और वे प्रकाशित नहीं हो सकीं। मेरे बारे में कहा ये जाता था कि फ़ारूक़ी साहब आलोचक ठीक हैं, अच्छे ही हैं, बिगाड़ा उन्होंने बहुत लोगों को है, गुमराह बहुत लोगों को किया पर ख़ैर फिर भी हैं। उनकी शायरी-वायरी कुछ नहीं है, आलोचक शायर हो ही नहीं सकता।

कलीमुद्दीन साहब की मिसाल सामने थी। वे बड़े भारी आलोचक थे। उनकी धौंस भी बहुत थी, पर उनकी शायरी फुसफुसी थी। सुरूर साहब भी बड़े ताक़तवर आलोचक थे पर वे थे सच्चे, पढ़े-लिखे बहुत थे। फ़ारसी और अँग्रेज़ी ख़ूब पढ़े थे। अँग्रेज़ी के एम. ए. और विज्ञान के स्नातक थे। उसके कारण उनका दिमाग़ विश्लेषण वाला था। शायरी उनकी भी कमज़ोर थी। इसीलिए यह बात आम थी कि आलोचक भला कहीं शायर हो सकता है। पर जो आलोचक शायर हुए हैं, उनका कोई नाम ही नहीं रहा जैसे मौलाना हाली, बड़े शायर थे, सलीम अहमद बहुत प्रतिभावान लेखक थे : शायर भी, आलोचक भी। उन्होंने ख़ुद ही लिखा है कि लोग कहते हैं कि शायरी मेरा कमज़ोर बच्चा है लेकिन वह हाथी का बच्चा है। अभी के हमारे एक दोस्त, जो बम्बई में रहते हैं, जिन्हें हमने बहुत छापा भी है, और जो दिमाग़ के थोड़ा टेढ़े हैं, उन्होंने मेरे लेखन पर लिखा भी है, उनसे किसी ने इण्टरव्यू में पूछा कि साहब सलीम अहमद ने अपनी शायरी के बारे में ये कहा है कि शायरी मेरा कमज़ोर बच्चा है पर है हाथी का, फ़ारूक़ी साहब की शायरी के बारे में क्या आप यह कह सकते हैं? वे बोले, मुझे नहीं मालूम, वो हाथी का बच्चा है या रीछ का। हमारी शायरी को लेकर इस क़िस्म की बात होती रही है। पर यह स्वीकार भी रहा कि हाँ, मैंने काम बहुत किया है। और माज़ी के खण्डहरों में जाकर पनाह भी ले ली हैं। मैंने उर्दू के इतिहास पर एक किताब लिखी है, जिसे बुनियादी क़िस्म की किताब माना जाता है। उससे उर्दू के कई लोग सहमत नहीं हैं पर वे उसके महत्त्व को नकारते नहीं हैं। मैंने इस में कहा कि 'उर्दू' नाम बहुत अभी का है, पहले इसका नाम हिन्दवी था, हिन्दी था, गूजरी था, देहलवी था, दक्कनी था। इस ज़ुबान का कोई सम्बन्ध लश्कर से नहीं है। दिल्ली को उर्दू-ए-मुअल्ला कहते थे, पहले फ़ारसी थी, जब शाह आलम दिल्ली पहुँचे तब देहलवी को ज़ुबान-ए-उर्दू-ए-मुअल्ला कहने लगे। वही छोटी होते-होते उर्दू रह गयी। उर्दू के मायने हैं दिल्ली शहर और ज़ुबाने उर्दू यानि दिल्ली की ज़ुबान। मैंने लिखा कि वीरम्मन ने १८०४ में ये लिखा है कि मैंने इस क़िस्से को उर्दू की ज़ुबान में लिखा है, जिसे वहाँ जवान-बूढ़े-बच्चे-हिन्दू-मुसलमान सब बोलते हैं। इसे किसी ने चुनौती नहीं दी कि उर्दू की ज़ुबान से उनकी क्या मुराद थी। वे कह रहे थे कि उन्होंने दिल्ली की ज़ुबान में लिखा है। ख़ैर, मैंने उस किताब में बहुत-सी बातें उठायीं जो किसी ने समूचे सांस्कृतिक इतिहास में उठायी ही नहीं थीं।

बहरहाल शायरी तक तो हमारी पूछ है नहीं। १९९७ में जब ग़ालिब का दो सौवाँ जन्मदिन मनाया जा रहा था, कइयों ने कुछ न कुछ लिखा। ख़ैर, तब उतना जोश पर नहीं था जब उनकी सौवीं पुण्यतिथि मनायी गयी थी, उस वक़्त दुनिया का हर आदमी ग़ालिब के बारे में लिख रहा था, बोल रहा था। रूस से लेकर मध्य एशिया तक और यहाँ से लेकर दक्षिण पूर्व एशिया तक। यह बता दूँ कि 'शबख़ून' की चालीस बरस की ज़िन्दगी में हमने कभी कोई विशेषांक नहीं निकाला।

यह बढ़िया बात है। 'समास' में भी हम यही कोशिश करते हैं।

यह ज़रूर हुआ कि मान लीजिये कोई अंक पूरी तरह आधुनिक कथा पर केन्द्रित किया तो उस अंक में केवल आधुनिक कहानियाँ ही प्रकाशित की गयीं। लेकिन किसी लेखक पर हमने न अस्सी पेज का न आठ सौ पेज का अंक निकाला। हमने सोचा ग़ालिब पर भी पत्रिका का एक हिस्सा केन्द्रित करते हैं। ग़ालिब पर लिखने वाले कई लोगों से हमने आग्रह किया पर जो लेख हमें मिले, वे बहुत ही फुसफुसे थे। मरहूम वारिस किरमानी साहब अलीगढ़ में फ़ारसी के प्रोफ़ेसर थे, वे अँग्रेज़ी में एम. ए. भी थे, उनका बहुत नाम था पर उन्होंने भी कामचलाऊ लेख लिखा। एक और किसी का था, वह भी ऐसा ही निकल गया। एक हमारे बच्चे, दोस्त कृष्ण मोहन साहब बनारस हिन्दू विश्वविद्यालय में हिन्दी पढ़ाते हैं, उन्होंने हिन्दी में एक लेख लिखा था। वे उर्दू जानते नहीं हैं पर पढ़ते सही हैं। ये भी बहुत कम लोगों में देखा गया है। जैसे तुम सही पढ़ लेते हो, वो भी पढ़ लेता है, शीन काफ़ भी निकाल लेता है। ग़ालिब के ख़त हिन्दी अकादेमी ने छापे हैं, उसने पढ़े हैं और ग़ालिब की शायरी देवनागरी में हर जगह मिल जाती है। उसने अपने लेख में यह निकाला कि ग़ालिब के यहाँ ऐन्द्रिकता बहुत है, हमने उनसे कहा कि इसके जो अँग्रेज़ी में मायने होते हैं, वह तो ग़ालिब के यहाँ नहीं है, पर ठीक है, यह आपका कहना दिलचस्प है। उस लेख में बड़ी गाढ़ी हिन्दी थी, मैंने एक साहब को दिया कि भाई इसे उर्दू कर दो। उन्होंने जो उर्दू करके दिया, मुझे पसन्द नहीं आया। फिर एक और साहब को दिया, उनका किया थोड़ा ठीक लगा। अब तक १९९४ शुरू हो चुका था और अंक बन ही नहीं पाया था। उसमें निकला ये कि सबसे बेहतर लेख हिन्दी के शोध छात्र का लिखा हुआ है। फ़ारसी के

प्रोफ़ेसर और उर्दू के लेखक ने जो लिखा था, कमज़ोर था। मेरा सम्पादकीय नियम था कि अच्छी चीज़ को आगे जगह दूँ। इसको हम इस हद तक नहीं ले जाते थे कि अच्छी होने पर भी उदयन की कविता को अख़्तर-उल-ईमान से पहले छाप दें। मैं लेखों, कविताओं, कहानियों को इस तरह रखता था कि पत्रिका में एक तरह की जैविक एकता अनुभव होती थी। हम करते यह थे मानिये हम आपका लेख छाप रहे हैं तो उसके बाद एक ऐसी कविता छापेंगे जिसकी कोई न कोई प्रतिध्वनि आपके लेख में हो। इसलिए हर अंक एक किताब-सा बन जाता था। हमने सोचा कि अगर हम कृष्ण मोहन साहब के लेख को आगे रखते हैं तो बड़ी नाक कटेगी, लोग बुरा-भला भी कहेंगे कि आपको उर्दू में क्या कोई मिला नहीं जो ग़ालिब पर लिखता। हिन्दी के और वो भी छात्र का लेख आप अव्वल नम्बर पर छाप रहे हैं। हमने सोचा कि हम एक कहानी लिख देते हैं। ग़ालिब के बारे में दो आख्यान मिलते हैं। मलिकराम साहब का आख्यान मैंने लड़कपन में पढ़ा था। वो मुझे इतना विश्वसनीय लगा था कि मैं सोचता था कि मलिकराम ग़ालिब के समकालीन रहे होंगे, वे ग़ालिब से मिले होंगे, उनसे बातें की होंगी। बाद में मालूम पड़ा कि मलिकराम तो हमारे ज़माने के हैं, हमसे बुज़ुर्ग। फ़रहतउल्लाह बेग का 'दिल्ली की आख़िरी शमा' दूसरा ऐसा आख्यान था, जो मेरे मन में था। उसमें ग़ालिब के मुशायरों का विवरण है। लोग उसे सच मानते हैं पर वह काल्पनिक है। उसमें ग़ालिब और उनके साथ के लोगों की जो तस्वीर उभरती है, विश्वसनीय लगती है। अँग्रेज़ी में तो ख़ैर बहुत लोगों ने लेखकों के जीवन पर काल्पनिक लेखन किया है। हमारे लड़कपन में हमने ठेकरे का उपन्यास 'हेनरीज़ मण्ड' पढ़ा था, उसमें वह साहित्यिक लोगों को सीधे-सीधे नहीं लाया है, पर लाया है, जहाँ एक जगह स्विफ़्ट कॉफी हाउस में बैठे कॉफी पी रहे हैं और वह उनसे मिलता है। उसमें लेखक बहुत जीवन्त रूप में सामने आते हैं। आधुनिक लेखकों के बारे में ऐसी ही एकाध और चीज़ मैंने पढ़ी थी। मैंने सोचा उस तरह का कुछ लिखो। लेकिन सवाल ये था कि उसे बनाओ कैसे? भई, देखो हम हैं आज़मगढ़ के और हमारे यहाँ राजपूतों और ब्राह्मणों की पूजा होती है। हमने यह कल्पना की कि आज़मगढ़ से सात-आठ मील दूर एक कस्बा है, इस कहानी के चरित्र बेनी माधव 'रुसवा' का परिवार वहाँ के राजपूतों का है। यह प्रथम पुरुष एक-वचन में कहा गया क़िस्सा है। उनके परिवार में उर्दू संस्कृति है। वह

अपने परिवार का कुछ इतिहास बताता है, हम लोग यहाँ कैसे आये, कैसे रहे...

वह कहता है, हमारे दादा बन्दूक बनाया करते थे...

हाँ। फिर उन्होंने उसे पढ़ने भेजा वग़ैरह। उसी दौरान सन् १८५७ का विद्रोह हो जाता है। तब उसके बाप उसको शाहजहाँपुर भेज देते हैं। मैंने जान-बूझकर उसका नाम शाहजहाँपुर रखा क्योंकि उसी के पास पवायाँ है, जिसके राजा ने मौलवी अहमदउल्लाह को धोखा दिया था। बेनी माधव लुटा-पिटा कानपुर जाता है, उसी ज़माने में वहाँ हथियार बनाने की फ़ैक्ट्री खुली थी। उससे इतना भर पूछा जाता है कि कहीं उसने विद्रोह में हिस्सा तो नहीं लिया था, वह यह छिपा लेता है कि उसके पिता शामिल थे, बात ख़त्म हो जाती है, और उसे नौकरी मिल जाती है क्योंकि वो अँग्रेज़ी भी पढ़ा हुआ है। १८६२ में वहीं ग़ालिब का दीवान छपता है, वो इससे ख़ुश होता है और सोचता है कि ग़ालिब से जाकर मिलें।

क्या १८६२ में कानपुर में ग़ालिब के दीवाना के छपने की बात काल्पनिक है या ऐसा हुआ था?

यह सही है, वह आदमी जिसने हमारी कहानी में दीवान छापा था, वह भी वास्तविक है, वह मुहल्ला जहाँ वह छपा था, वह भी। बाक़ी सब कल्पना है। दरअसल, मैं ग़ालिब में इतना रचा-बसा हुआ था, उस ज़माने के लोगों में, अवध के इतिहास में, आज़मगढ़ के नागरिकों में कि मैंने वे सब नाम डाल दिये जो मुझे मालूम थे। जैसे हमारे नाना आज़मगढ़ के पास मोमिनाबाद में मुंसिफ़ थे, उनका नाम मैंने कहानी में डाल दिया। खाने अल्लामा तबज़्ज़ुल हुसैन ख़ाँ जिनकी बदौलत गोया १७९७ में सआदत अली ख़ाँ को नवाबी मिली थी, बद्रअली ख़ाँ को निकाला गया था, वे बड़े लायक आदमी थे, उनको कहानी में डाला, इस तरह मैंने बहुत-सा स्थानीय रंग जो वास्तविक था, कहानी में बिखेर दिया। इस कहानी 'ग़ालिब अफ़साना' में ग़ालिब के जितने भी संवाद हैं, उनमें से अस्सी प्रतिशत उनके ख़तों से लिये गये हैं और इसीलिए वे वहाँ वास्तविक मालूम देते हैं। कहानी की भाषा पुरानी उर्दू है ही क्योंकि बेनी माधव 'रुसवा' १८४० की पैदाइश हैं।

ग़ालिब बेनी माधव 'रुसवा' के लाये अपने दीवान में दस्तख़त के साथ जो लिखते हैं : बरखुरदार बेनी माधव रुसवा/ऐकि तुमसे मिलकर मेरा दिल ख़ुश हुआ, इसे भी आपने ही, ज़ाहिर है, लिखा होगा।

मैंने लिखा है पर वो फ़ारसी की मशहूर पंक्ति है जिसके मायने हैं, 'ऐ कि तेरा आना मेरे दिल को ख़ुश करने का कारण बना', यह एक तरह की कहावत है, वैसे है वो कविता पर कहावत समझ लीजिये। बाक़ी सब वास्तविक हैं जैसे ग़ालिब के शेर। पर बेनी माधव 'रुसवा' के सारे शे'र मेरे लिखे हुए हैं। उनका जो सुधार उसके उस्ताद करते हैं, वे भी मेरे हैं, बहरहाल, वो कहानी बहुत चल गयी। कुछ लोगों ने पूछा भी कि ये 'रुसवा' साहब कहाँ के हैं, इनका परिवार कहाँ का है। यह कहानी जब छपी मैंने उस पर लेखक के तौर पर बेनी माधव 'रुसवा' का नाम ही दिया था। कई लोगों ने कहा कि साहब इतना ज़बरदस्त आख्यान है, क्या वास्तव में ऐसा कोई आदमी था। वे बोले, जब आपने यह लिखा कि वो १९१८ में बैठकर लिख रहा है तो उसके कुछ बच्चे या पोते होंगे, जिनसे आपको ये काग़ज़ात मिले होंगे। यह सुनकर हम भी गोलमोल कर गये, 'हाँ यार ऐसा ही चलता रहता है, हमारा काम ही यही है, ग़ालिब पर पढ़ने-लिखने का, जाने दीजिये इस बात को।'

आपने बात कभी साफ़ नहीं की?

नहीं। वह आख्यान बहुत चल गया और कहानी की तरह चला लेकिन उसमें जो साहित्यिक प्रश्न मैंने उठाये हैं, उस पर किसी ने ध्यान नहीं दिया, ख़ासकर ग़ालिब के फ़ारसी शायरों के बारे में ख़यालात जिनका 'रुसवा' विरोध करता है और ग़ालिब नाराज़ होते हैं, वे सब मेरे विचार हैं लेकिन बेनी माधव 'रुसवा' के बारे में यह कहा गया कि बड़ा बढ़िया लड़का है, क्या कहने वाह, वाह।

कहानी में आपने यह जो लिखा है कि ग़ालिब रुसवा से कहते हैं कि तुम भी मीरी हो सौदाई नहीं। इसका क्या सन्दर्भ है? क्या यह भी ग़ालिब का ही वाक्य है?

यह भी वास्तविक है। सौदाई यानि पागल। इस बात का प्रमाण मिलता है कि इब्राहिम ज़ौक़ सौदा को मीर से ऊपर रखते थे। जब ग़ालिब कहते हैं कि आप मीरी होंगे, सौदाई नहीं तब सौदाई का दूसरा अर्थ पागलपन भी काम करता है। कहानी में जितने भी चुटकुले हैं, वे सब ग़ालिब के कहे हुए हैं। कहानी में उनकी बोली-भाषा मैंने ज़्यादातर ख़तों से लेकर कहानी में डाली है। कहानी में वे ख़ाक़ानी की कविता की जो व्याख्या करते हैं, वह भी उनके ख़तों में है।

> बेनी माधव 'रुसवा' को आपने ख़ूब चला दिया। उनको अपनी कल्पना से शायरी की ज़मीन पर वास्तविक शायर की तरह उतार दिया।...

हर तरफ़ लोग उन्हें पूछ रहे थे। उसके बाद मैंने सोचा कि इसका मतलब ये है कि फ़ारूक़ी साहब के भीतर अफ़साने लिखने की जो चिंगारी थी, वो बुझी नहीं है, तो उसी रास्ते पर बढ़ा जाय। हमें यह झक थी कि आजकल की लिखी चीज़ों से कुछ अलग करना है क्योंकि वह इतने बुरे अर्थ में समकालीन था कि क्या कहा जाय। एक तो ताक़तवर समकालीन लेखन होता है पर जो लिखा जा रहा था, वह ख़राब ढंग का समकालीन था। आप अख़बार और टेलीविज़न को लेकर बैठ जाइये, कहानी बन जायेगी। बारह-तेरह थीम हैं, उन्हीं का हेर-फेर कर उर्दू वाला कहानी लिख रहा था। ऐसा लिखने के पीछे सिर्फ़ इतना आराम हुआ करता है कि मैं भी समकालीनता के साथ हूँ। चूँकि उस लेखन में कल्पना का अभाव है, वह उस समकालीनता के पीछे के अर्थ को उद्‌घाटित नहीं कर पाता। अगर किसी मुसलमान को आतंकवादी कहा जाता है या किसी का शुद्ध तिरस्कार हो रहा है तो क्या इसके पीछे सिर्फ़ किसी तरह की परिपाटी भर है या कुछ और है। मैंने सोचा मैं 'ग़ालिब अफ़साना' के रास्ते पर ही आगे चलूँ और जैसा कि मैंने आपको मिसाल दी थी कि मुझे चैस्टरटन पर पीटर एक्रॉइड का उपन्यास बहुत पसन्द आया था। चैस्टरटन ने अपनी कविताएँ लिखीं और बताया कि ये पुराने ज़माने की कविताएँ हैं और यह सब करके अठारह बरस की उम्र में आत्महत्या कर ली। इस उपन्यास में लन्दन महत्त्वपूर्ण चरित्र है, उसकी गलियाँ, उसके घर, उसके लोगों का रहन-सहन। मैंने सोचा कि ऐसी कोई कहानी बनाओ जिसमें दिल्ली मुख्य चरित्र हो। उसमें और सब

लोग वास्तविक हो न हो पर उसमें दिल्ली शहर की हवा आनी चाहिए। मैंने 'सवार' लिखी। 'सवार' में आख्याता काल्पनिक है, मौलवी बक़ौल हमारी प्रकाशक सुप्रिया के 'हॉण्टेड (भावावेशित) मौलवी' है। उसमें इस्मत जहाँ का चरित्र वास्तविक है। इस्मत जहाँ नाम की एक प्रसिद्ध तवायफ़ हुआ करती थी। मैंने उसे मुसहफ़ी पर लिखी अपनी कहानी 'आफ़ताबे जमीं' में भी लिया है। यह मिलता है कि मुसहफ़ी इस्मत जहाँ नाम की एक लड़की पर आशिक थे, उन्होंने उस पर कविता भी लिखी है। कहानी के दूसरे चरित्र बुद्धसिंह क़लन्दर, मिर्ज़ा मज़हर जान-ए-जाना साहब और दूसरे कई चरित्र ऐतिहासिक हैं। उसमें जो वसन्त का वर्णन है, वह दिल्ली में तब था। अब तो ख़ैर दिल्ली की दुनिया ही बदल गयी। वसन्त के सन्दर्भ में मैंने जो ग़ज़ल उद्धृत की है वह मुबारक आरज़ू साहब की है। जिस मालीबाड़े का वर्णन मैंने किया है, वहाँ अब ज़ेवरात बनते हैं। वहाँ की आवाज़ें कुछ वास्तविक हैं, कुछ मैंने बना दीं। लैला की उँगलियाँ हैं, मजनूँ की पसलियाँ हैं, यही कहकर लोग ककड़ियाँ बेचते थे, कुछ पुकारें हमने बना भी दीं। कुछ फ़ारसी डाल दी। मौलवी का बहनोई वास्तविक नहीं है पर उसके पिता वास्तविक हैं, वे बहुत बड़े वास्तुकार थे। इन्हीं के खानदान के लोगों ने लाल क़िला और दिल्ली का जन्तर-मन्तर बनाया है। बुद्धसिंह क़लन्दर वैसा ही मस्तमौला क़लन्दर था जैसा कहानी में आता था। वह बड़े आदमी का बेटा था। कहानी में उसकी कविता उसी की लिखी हुई है। इस कहानी को लिखकर मैंने सोचा कि इसमें लेखक का नाम क्या रखूँ? बेनी माधव 'रुसवा' इसमें चलेगा नहीं क्योंकि वे बहुत बाद के हैं। अगर अपना नाम रखूँगा तो दो प्रतिक्रियाएँ होंगी। एक तो लोग कहेंगे कि ये ख़राब है, फ़ारूक़ी साहब माज़ी के खण्डहरों में पनाह ले रहे हैं। या कुछ लोग ये जानकर कि ये फ़ारूक़ी की कहानी है, उसकी तारीफ़ करेंगे। मैंने कई नाम सोचे और जब कोई नाम तय नहीं पाया, मैंने उनकी पर्चियाँ बनाकर एक प्याली में रखीं। हमारी बीवी की एक भांजी हैं, मैंने उनसे कहा कि एक पर्ची निकालो, उसमें जो नाम निकला—उमर शेख मिर्ज़ा वही डाल दिया। इस नाम के तीन हिस्से हैं, उमर प्यारे पुरखे थे, हम कहते भी हैं उमर ए फारूखी, हमारी ज़ात शेख की है सो शेख, मुसैयत के बाद शेख आता है और हम लोग शेख हैं और मिर्ज़ा इसलिए कि मिर्ज़ा ग़ालिब में ये हैं। इसलिए भी मुझे यह नाम बड़ा मौज़ूँ लगा। वो कहानी भी बहुत चली। उसके बाद मैंने कुछ और कहानियाँ लिखीं।

मीर को लेकर लिखी आपकी कहानी 'इन सोहबतों में आख़िर' में आप बेलग्रेड (बेओगारद) और ग्रेनेडा (ग़रनाता) आदि इतने दूर के देशों तक कैसे चले गये? कहानी की एक महत्त्वपूर्ण पात्र लबीबा ख़ानम आर्मीनिया के शहर नख़्जवान से हिन्दुस्तान आती हैं।

यह अच्छा सवाल है। मैं बताता हूँ। अपने बुढ़ापे में मीर ने एक ग़ज़ल लिखी है। उस ज़माने में दिल्ली में आर्मीनियायी बहुत थे। उनका चर्च था, क़ब्रिस्तान भी था, वह अभी भी है। हालाँकि अब लुटा-पिटा है। एक ज़माने में दिल्ली, बम्बई और कलकत्ते में ये लोग बहुत थे। बम्बई और कलकत्ता तो नये शहर हैं पर दिल्ली बहुत पुराना शहर है। अपने आख़िरी ज़माने में बुढ़ऊ ने एक शे'र लिखा है :

कैसी सुर्ख़ो सफ़ेद निकली थी
मय भी दुख़्तर अर्मनी की है

ये शराब इतनी सुर्ख़ और सफ़ेद है बिल्कुल जैसे कोई आर्मीनियायी लड़की हो। यहाँ कोई चक्कर मालूम होता है कि बड़े मियाँ ने किसी आर्मीनियायी लड़की से दिल लगाया हो या न लगाया होगा पर दूर से देखकर आशिक हुए होंगे वर्ना बुढ़ापे में ये शे'र कहने का मतलब क्या है क्योंकि लखनऊ में कोई आर्मीनियायी है नहीं। हाँ, हब्शी बहुत-से हैं, ईरानी बहुत-से हैं क्योंकि वहाँ शियाओं को मान्यता मिल गयी थी। हब्शी बॉडीगार्ड का काम करते थे। लेकिन वहाँ आर्मीनियायी कौन होगा और ८०-८२ की उम्र में मीर साहब यह शे'र कह रहे हैं। यह कह देना कि दिल्ली में आर्मीनियायी लड़की पायी जाती है, इससे कुछ बनता नहीं है, इससे वह गहराई भी नहीं आती, जो मैं चाहता था। इस गहराई के लिए मुझे एक पृष्ठभूमि की ज़रूरत थी जो सांस्कृतिक और ऐतिहासिक दोनों ही हो, जिसमें विस्थापन भी हो और विध्वंस भी, वह जो दिल्ली में हो रहा था। बहुत कुछ हो रहा था, बहुत कुछ होने वाला था। दूसरी उसकी वंशावली लम्बी हो, जिसमें कई ख़ूनों की मिलावट हो। उसमें यहूदी ख़ून हो, आर्मीनियायी हो। यह सब मैं कहाँ से लाता इसलिए मैंने सोचा कि चलो भई, आर्मीनिया चलते हैं और मैं वहाँ चला गया। उस ज़माने में उस्मानिया साम्राज्य आदि सब थे, इसलिए पहले मैं बेलग्रेड गया, वहाँ से उन्हें आर्मीनिया लाया फिर अज़रबेजान और वहाँ से यहाँ। इन सबकी मैंने

कल्पना की। यह ऐतिहासिक सत्य है कि आर्मीनियायी लोग बहुत हसीन होते हैं। इसका कारण यह है कि उनमें ख़ूनों की मिलावट बहुत है। उनमें ईरानियों, अरबों, पूर्वी यूरोप के स्लाविक आदि ख़ूनों की मिलावट यक़ीनन हुई। इनकी भाषा ईरानी से मिलती है। ईरान से वैसे भी इनका सम्बन्ध बहुत है। इनके ऊपर तुर्क था, इसलिए इनके परिवार पर तुर्कियों का भी प्रभाव पड़ा होगा। इनके यहाँ जो परिष्कार और रखरखाव है, वह कल के दिन पैदा नहीं हो सकता। यह लम्बी वंशावली के बग़ैर नहीं हो सकता। इसी तरह मैंने 'कई चाँद थे सरे आसमाँ' में वज़ीर ख़ानम के लिए पूरा व्यक्तिगत इतिहास आविष्कृत किया था। वज़ीर ख़ानम जैसी पात्र अपने आप लाकर पैदा कर देना कि वह एक रण्डी के यहाँ पैदा हुई है, इससे कुछ बात बनती नहीं है। वज़ीर खानम जैसे चरित्र के सन्दर्भ में इसका कोई अर्थ नहीं बनता। लबीबा ख़ानम और नूरुस सआदत को मैं आर्मीनिया से इसलिए भी लाया था कि उनके ख़ून में विस्थापन है। वे कहानी के अन्त में हिन्दुस्तान से भी विस्थापित होती हैं। दरअसल, इस कहानी का एक विषय विस्थापन है।

> कहानी का पहला–दूसरा वाक्य ही इस बारे में है : घर से निकले आज लबीबा ख़ानम को पाँचवाँ हफ़्ता था। उसके घराने के लिए घरबदर होने का यह पहला अवसर न था।

ठीक बात है। जब मैं उसे ईरान ला रहा था, ईरान की संस्कृति भी लाया, उसमें फ़ारसी लाया, फिर यह बात भी है कि यहाँ के लोग भी फ़ारसी के रंग में रँगे हुए हैं। जिस आदमी का मैंने ज़िक्र किया है : किशनचन्द इख़लास वह वास्तविक है। उसका बाप भी वास्तविक है। ये पैसे वाले लोग थे। जौहरी थे और जैसा कि कहानी में है, उनकी कई हवेलियाँ थीं। इनका बाप शोहरत बेदिल का शागिर्द था, यह बात इतिहास में मिलती है। इखलास ने ख़ुद एक किताब फ़ारसी शायरों के बारे में लिखी है, 'हमेशा बहार' उसमें दिल्ली और उसके आसपास के कवियों की सूची दी हुई है। वह सुरुचि सम्पन्न और सुसंस्कृत व्यक्ति था। इसलिए भी उसका वहाँ जाना समझ में आता है कि हिन्दुस्तान के बादशाह के वज़ीर ने उसे भेजा होगा कि जा भाई तू लबीबा ख़ानम को घेर–घार कर ले आ। उसका बड़ी खानम यानि लबीबा ख़ानम पर आशिक होना भी समझ में आता है। मीर

की जो ग़ज़ल मैंने ढूँढ़ी, उसमें मीर ने अपने को एक तरह से उघाड़ दिया कि मैं क्या हूँ। उस ग़ज़ल में उसके दुःख, उसकी पीड़ाएँ भी हैं, उसमें अपने कुछ होने का गुमान भी है। इसे कहानी में रखा मगर कहानी में इख़लास और उनके बाप वास्तविक लोग हैं, मीर तो ख़ैर हैं ही। मीर और नूरुस सआदत के परस्पर व्यवहार को मैंने मीर की कविताओं से लिया।

आपने कहानी में इस तरह की मीर की कई ग़ज़लों को उद्धृत भी किया है...

उसकी ग़ज़लों में इस तरह की कई चीज़ें मिलती हैं। मैंने कहानी में जो तिसंग का सफ़र दिखाया है, वह भी मीर की 'तिसंगनामा' कविता से लिया है। वहाँ बाढ़ आयी हुई है और मीर और दूसरे चरित्र उसे मुश्किल से पार करते हैं, यह भी उसी कविता में है।

लेकिन ये सारे विवरण मीर की कविताओं के आधार पर आपने अपनी कल्पना से गढ़े हैं। वे ऐतिहासिक तथ्य के रूप में उपलब्ध न रहे होंगे...

एक चीज़ तो मैंने पूरी तरह गढ़ दी। १७३९ में दरगाह कुली ख़ाँ नाम के एक राजपुरुष हैदरबाद से दिल्ली आये। उन्होंने दिल्ली आकर एक किताब लिखी : मुरक़्क़ए-देहली यानि दिल्ली का एलबम। मुसलमानों में सांस्कृतिक और पुरातात्विक रुचियाँ जुड़ी हुई थीं। उस किताब के कई भाग हैं, नर्तकियों के बारे में, लड़कों के बारे में, शायरों के, सूफ़ियों के बारे में। उसमें नूर बाई नाम की भी एक औरत है, वह भी नर्तकी है, मैंने इसके बारे में उद्धृत भी किया है कि वो हाथी पर सवारी करती है, जो ज़ाहिर है उस ज़माने में या तो बादशाह कर सकते थे या कोई कुलीन व्यक्ति। वह लोगों को समय नहीं देती, मुश्किल से मिलती है, पैसा बहुत लेती है, वह नर्तकी भी वास्तविक चरित्र है। अगली कहानी में भी हमने इसी किताब से इस्मतजहाँ का चरित्र लिया है, जिनके बारे में मैंने यह कहानी में लिखा भी है कि एक चरित्र कहता है कि वे अपने शरीर के निचले हिस्से को रंग लेती थीं और लगता था जैसे वे कपड़े पहने हों पर वे नंगी रहती थीं। मीर

वाली कहानी में चूँकि मैंने लबीबा खानम की बेटी का नाम नुसरत रख दिया था, इसलिए मैंने मुरक़्क़ए-देहली से नूरबाई का नाम नुसरत के लिए ले लिया। इसलिए एक तरह से नुसरत का चरित्र काल्पनिक है और एक तरह से वास्तविक। कहानी में जितने भी शायरों का ज़िक्र है, वे सब थे। शेख अली हसीन, मुफ़लिस ये सारे। उनकी कविताएँ भी वास्तविक हैं।

आपने एक कहानी मुसहफ़ी पर भी लिखी है, उस कहानी में शहर बदल गया है, दिल्ली से लखनऊ हो गया है। क्या आप लखनऊ में लम्बे समय तक रहे हैं क्योंकि इस कहानी में भी लखनऊ शहर का विस्तार से वर्णन है।

लखनऊ में मैं बहुत दिन तक रहा हूँ। मेरी वहाँ पहली पोस्टिंग १९७० या इसी के आसपास हुई थी। १९७१ में मैं कानपुर आ गया था। वहाँ डेढ़ साल रहकर मैं वापस लखनऊ आ गया। १९७७ में मैं वहाँ से दिल्ली चला गया। वहाँ मेरा जाना-आना भी बहुत था। पहले भी, बाद में भी। लोगों ने दिल्ली और लखनऊ को फ़िजूल में ही एक-दूसरे का प्रतिपक्षी बना रखा है, यह मिथक इतना गहरा गया है कि लगता है यह पाँच-छ: सौ बरस पुराना होगा। मैंने इसकी बहुत छानबीन की और पाया कि इस मिथक का जन्म १९२६ का है। एक मौलाना थे, बड़े काबिल थे, शिबली के शागिर्द थे। उनका नाम था अब्दुस्सलाम नक़वी। उन्होंने आज़मगढ़ में शिबली अकादेमी बनायी और वहीं ज़िन्दगी गुज़ार दी। शेर-अल-अजम में शिबली ने अपनी समझ से उन सारी फ़ारसी शायरी का ज़िक्र किया, जिसे वे कहने या बताने के क़ाबिल समझते थे। उसमें उन्होंने फ़ारसी कविता का इतिहास, साहित्य-सिद्धान्त और उसके सांस्कृतिक पक्षों के बारे में लिखा।

उसमें शायद ग़ालिब का ज़िक्र नहीं है?

ग़ालिब कहाँ होंगे, वे उन्हें घास नहीं डालते। ग़ालिब तो ग़ालिब, बेदिल भी नहीं हैं। उसमें एक जुमला है कि लोगों की रुचि इतनी बिगड़ गयी है कि लोग बेदिल, नासिर अली सरहिन्दी और साईब जैसे शायरों पर सिर धुनने लगे हैं। वे हाफ़िज़ की परम्परा के थे, खुसरो को मानते थे। ख़ैर... चूँकि नक़वी शिबली के शागिर्द थे, तो उन्हीं की किताब के नाम से इन्होंने

भी शेर-अल-हिन्द लिखा, दो जिल्दों में। वह किताब थी केवल उर्दू के बारे में गोया उसका आशय यह था कि अगर हिन्द में कोई साहित्य है तो केवल उर्दू का। उसी किताब के दूसरे भाग में उन्होंने एक अध्याय लिखा : उर्दू शायरी के दो स्कूल दिल्ली और लखनऊ। दिल्ली और लखनऊ की बात ले-देकर यहीं से शुरू हुई है। उन्होंने ही कहा कि दिल्ली की शायरी में सूफ़ियानापन होता है, जुबान फ़ारसी से मिली होती है, लखनऊ की शायरी में सूफ़ियानापन कम है या नहीं है। दिल्ली की शायरी में लड़कों के लिए इश्क़ बहुत है, लखनऊ में लड़कियों के लिए। दिल्ली की शायरी में ढँका हुआ अन्दाज़ है, लखनऊ में खुला हुआ। लखनऊ में अंगिया-कुर्ती, पिस्तान, कुल्हा और कमर के बारे में लिख देते हैं, यहाँ लड़कों का इश्क़ बिल्कुल नहीं है। ये सब बातें ग़लत हैं। लेकिन जो चल गया सो चल गया। अगर इनके बीच कोई प्रतिद्वन्द्विता थी तो वह यह कि दिल्ली वाले श्रेष्ठ हैं और लखनऊ वाले कमतर। इंशा ने १८०७ में मेरे ख़याल में भाषा विज्ञान की दुनिया की पहली किताब लिखी थी, यह किताब उन्होंने सआदत अली ख़ाँ के ज़माने में लिखी थी और वे दिल्ली से आये थे इसलिए इंशा ने बहुत बचाकर किताब लिखी है। उन्होंने कहा कि ऐसा कोई घराना जो पचास से कम बरसों पहले दिल्ली से आया हो, उसकी भाषा हम नहीं मानेंगे। मुर्शिदाबाद वाले अपने को दिल्ली वाला कहते हैं, ये कहाँ से दिल्ली वाले हो गये जबकि इंशा ख़ुद मुर्शिदाबाद से आये थे। इससे लखनऊ वालों को कुछ अच्छा लगा होगा, कुछ बुरा लगा होगा। इसके बाद रजब अली बेग सुरूर ने अँग्रेज़ों को उर्दू पढ़ाने के लिए लिखा गया मीर अम्मन के 'बागो बहार' पर एक चुटकी ले ली कि दिल्ली वाले कहते हैं, 'मैंने वह काम करकर छोड़ दिया, लेकिन ये 'करकर' क्या होता है, 'करके' लिखना चाहिए। इस क़िस्म के छोटे-मोटे चुटकुले चला करते थे। हाली ने अपनी १८९४ की किताब में संकेत किया है कि लखनऊ वालों के मुहावरे कुछ अलग हैं। लेकिन ऐसा नहीं था मानो शायरी की ये दो अलग धाराएँ हैं। मौलवी साहब लिखकर चले गये और फिर वो फ़ौरन जम गया।

फिर उसे अतीत पर भी चस्पाँ कर दिया गया......

बिल्कुल साहब। मौलवी साहब ने कहीं पढ़ लिया होगा कि अँग्रेज़ों के

यहाँ कविता का 'लेक स्कूल' होता था और कोई 'नाइट एण्ड ग्रेवयार्ड स्कूल' हुआ करता था। उन्होंने सोचा होगा कि अच्छा अँग्रेज़ों के यहाँ स्कूल हुआ करते हैं, हमारे यहाँ भी होना चाहिए। स्कूल कहाँ से आयें? वहीं से दिल्ली और लखनऊ के स्कूल बन गये। वे कहते हैं, 'बात करनी मुझे मुश्किल कभी ऐसी तो न थी', ये कहते हैं, 'बात करना मुझे मुश्किल कभी ऐसा न था।' हो गया स्कूल। मुसहफ़ी वाली कहानी में मैंने उनका एक शे'र लिखा है, जिसके मायने हैं कि तुम्हारे कूल्हों की कूची से तस्वीर खींचना ऐसा ही है जैसे पहाड़ों को धागे से खींचना। मुसहफ़ी जो अपने को दिल्ली वाला कहता था, वो कूल्हों के बारे में इतने खुले तरीक़े से बात कर रहा है इसलिए यह कहना कि लखनऊ वाले ही गन्दा काम करते हैं, ग़लत है। दिल्लीवालों ने भी ऐसा बहुत लिखा है। मीर के पहले के लोगों में बड़ी खुली-खुली बातें हैं, लौण्डों के नाम लिखे गये थे : मैं अमृतलाल पर आशिक हूँ या मोहन पर, ये दिल्ली में लिखा गया है। मीर के यहाँ भी बहुत कुछ मिल जाता है।

ये सब आपके दिमाग़ में कहानी लिखने से पहले रहा होगा।

हाँ था पर मैंने दिल्ली लखनऊ की शायरी के विभाजन को कभी नहीं माना। मैंने इस बारे में लिखा भी है। आप दस हज़ार शे'र ले लीजिये, दिल्ली और लखनऊ के, फिर देखिए इनमें क्या-क्या सामान्य है। ऐसी कौन-सी चीज़ हैं जो दिल्ली में हों और लखनऊ में न हों या इसका उल्टा। आप पायेंगे सभी चीज़ें दोनों में मौजूद हैं। बहरहाल... लखनऊ मुझे पसन्द बहुत है, वहाँ से लगाव है, नैय्यर मसऊद से दोस्ती बहुत थी, आज भी है, अब वे बीमार बहुत हैं, बोलते नहीं हैं, उन्हें सुनायी भी नहीं देता। मुसहफ़ी के क़िस्से में यह है कि वे दिल्ली भी बहुत दिनों तक रहे थे, वहाँ सक्रिय थे। जब वे लखनऊ आये, उन पर विवाद हुए, इंशा से उनके झगड़े भी हुए, जिसके बारे में मोहसिन आज़ाद ने 'आबे हयात' में बहुत बढ़ा-चढ़ाकर बयान किया है। इंशा ने यह लिख दिया कि मुसहफ़ी के यहाँ अमरोहापन बहुत पाया जाता है। वे दिल्ली वालों की तरह लिखने की कोशिश ज़रूर करते हैं पर उनका 'अमरोहापन' नहीं जाता। पर बात तो ये है कि दिल्ली में दिल्लीवाला कौन था? ग़ालिब आगरे से आये थे, मीर भी। ले-देकर ज़ौक़ को आप दिल्लीवाला मानना चाहें तो मान

लीजिये। लेकिन उनके बारे में भी यह कहा जाता है कि उनके बाप नाई थे। मोमिन के बाप कश्मीर से आये थे, सो वे भी दिल्लीवाले नहीं थे।

मुसहफ़ी पर ही आपने कहानी लिखना क्यूँ तय किया था?

वो बड़ा रंगीन आदमी है। उसने लड़कियों और लड़कों दोनों से ही इश्क़ किया। दोनों तरह की शायरी उसके यहाँ हैं। मैंने सोचा इसके बारे में लिखो। यहाँ भी मैंने वही किया कि आख्याता के पिता को इतिहास से उठा लिया, वह मारवाड़ी व्यक्ति, लाला कांजीमल सबा वास्तविक है, वह फ़ारसी का शायर भी था, उसके बेटे की मैंने कल्पना कर ली। मुसहफ़ी चूँकि बहुत रंगीन आदमी था, उसने बहुत लड़कियाँ कीं, वह आशिक बहुत हुआ। यह जो लड़की कहानी में है, उसके बारे में मुसहफ़ी की पाण्डुलिपि में सिर्फ़ एक जुमला मिलता है कि एक औरत आजकल मेरे साथ रहती है, जिसके साथ मैंने मुताह कर लिया है।

मुताह क्या होता है? क्या इसकी कोई रिवायत भी मिलती है या नहीं!

ये शिया लोगों के यहाँ चलता है, सुन्नियों में भी। पर हम लोग करते नहीं हैं। हमारे पुरखे उमर साहब ने उसे बन्द करा दिया। क़ुरान में हालाँकि इसका ज़िक्र टेढ़े रास्ते मिल जाता है। यह अस्थायी शादी है। आप कहीं बाहर गये हुए हैं और ज़ाहिर बात है कि औरत साथ में नहीं है और ये भी मुश्किल है कि अपनी इच्छाओं को काबू में रख सकें तो किसी से अस्थायी शादी कर ली, चार दिन की या पाँच दिन की, एक महीने की या दस साल की लेकिन वह ख़ालिस अनुबन्ध (कान्ट्रेक्ट) होगा। अनुबन्ध जैसे ही पूरा होगा, दोनों एक-दूसरे को छोड़ देंगे।

यह अनुबन्ध है, यह दोनों को पता रहता है?

हाँ। शिया लोगों में यह आम है, भारत में कम है। ईरान में आज भी बहुत है। ईरान के कुम में शियाओं का बड़ा स्कूल बना। कुम में ईरान के कई मशहूर शायर हुए हैं। कुम के स्कूल में शियाओं को धर्मशास्त्र और फ़लसफ़ा

पढ़ाया जाता है। अब वह बहुत बड़ा स्कूल हो गया है। वहाँ ऐसी औरतों का समुदाय है, जो वहाँ दूर-दूर से (चाहे वे ईरान के हों या और कहीं के) पढ़ने आये विद्यार्थियों से मिलती हैं और उनसे कहती हैं कि हमसे मुताह करोगे? अगर वे राज़ी हो गये तो उससे मुताह कर लेते हैं। वे उसे घर में डाल लेते हैं, जब तक वहाँ रहते हैं, वो उनकी बीवी रहती है, जब पढ़ना ख़तम हुआ, लड़का सलाम वालेकुम कहकर अपने घर और लड़की अपने घर। ईरान में यह बिल्कुल आम है, ईराक में भी। मुसहफ़ी में इस बारे में सिर्फ़ एक पंक्ति मिलती है, उसी के आधार पर मैंने पूरा गढ़ लिया कि उन्होंने किससे मुताह किया होगा, वह कौन रही होगी, उसका इनके मरने के बाद क्या हुआ होगा वग़ैरह? मुसहफ़ी ख़ासी उम्र में मरे थे तो ये सवाल उठता है कि उस लड़की का क्या हुआ होगा। उस ज़माने में जो हुआ करता था, वही हुआ होगा : या तो वो आवारा हो गयी होगी या किसी और ने अपने घर में डाल लिया होगा या मर गयी होगी इसलिए मैंने उसके चारों ओर एक कहानी बना ली। चूँकि मुसहफ़ी को मानने वाले बहुत थे, उसके शागिर्द ही बहुत थे बड़े-बड़े जैसे नासिख़ और आतश। मुसहफ़ी बहुत उदार व्यक्ति था। नासिख़ और आतश की जवानी में नये ढंग का लिखना शुरू हुआ, लखनऊ में, ये लोग ख़यालबन्दी करते थे वैसे तो यह शाह नसीर करते थे। वे दिल्ली में रहते थे, लखनऊ आये थे पर फिर हैदराबाद चले गये। वैसे ख़यालबन्दी के सबसे बड़े उस्ताद ग़ालिब हैं। इसमें होता यह है कि आप कोई अमूर्त या कैसा भी मज़मून लाइये और लिखिए। आप चाहो तो बिल्ली पर लिखो। मैंने कहीं लिखा भी है कि शाह नसीर ने कनखजूरे पर ग़ज़ल लिखी है, पहले तुम उसके दो शे'र सुन लो :

टाँकों से ज़ख़्म-ए-पहलू लगता है कनखजूरा
मत छेड़ मेरे दिल को बैठा है कनखजूरा

क्या बात है।

कई औरतें ख़ासकर हरियाणे की, गाल पर अपनी ज़ुल्फ़ को टेढ़ा कर लेती हैं, पहले यह बहुत आम था, जहाँगीर के व्यक्ति-चित्र में भी ऐसा ही दिखेगा। ज़ुल्फ़ का यह टेढ़ापन बिच्छू जैसा होता है। ऐसी ज़ुल्फ़ें लड़के भी बनाते थे, जिनके बड़े-बड़े बाल होते थे और उनकी दाढ़ी भी निकल रही होती, जिसे ख़त कहते हैं। अब शे'र सुनो :

ख़त-ए-सियाह दर पै है ज़ुल्फ़ के नसीर अब
बिच्छू के छीनने घर निकला है कनखजूरा

इससे जुड़ा एक क़िस्सा मैं तुम्हें बताऊँ। मेरे दिल का जब ऑपरेशन हुआ तब बाराँ की बड़ी बेटी छोटी थी, (अब तो बड़ी हो गयी है और उसकी भी एक बेटी है) मेरा ऑपरेशन हुए भी बहुत बरस हो गये, यह बात सन् १९९२ की है। तुम्हें यह पता ही है कि शल्य चिकित्सक अलग-अलग तरह के टाँके लगाते हैं। डॉ. त्रेहान रेशम के टाँके लगाते थे। मेरे सीने पर बड़े-बड़े काले टाँकों के धागे बाहर निकले हुए थे। इस बच्ची ने उन्हें देख लिया और कहा, 'ये क्या है?' मैंने कहा, 'ये टाँके हैं, निकल जायेंगे, कुछ दिनों में।' जब कभी वो मेरे पास आये, मुझसे कहे, मुझे वो दिखाओ। वह उन्हें देखकर डर जाती, अरे बाप रे बाप। तब मुझे लगा कि बूढ़े ने कितना पक्का शे'र कहा है :

टाँकों से ज़ख़्म-ए-पहलू लगता है कनखजूरा

आतश मुसहफ़ी के शागिर्द थे (नासिख़ उनके दोस्त थे, वे किसी के शागिर्द नहीं थे) पर तब भी जब मुसहफ़ी ने आख़िरी दो दीवान लिखे, उन्होंने स्वीकार किया कि मैं नयी तरह की शायरी कर रहा हूँ और हमारा शागिर्द आतश इस तरह की शायरी का बड़ा उस्ताद है। मैं उसकी तरह से लिख रहा हूँ।

यह एक अद्‌भुत बात है।

हमारी संस्कृति को यानि हिन्दू-मुस्लिम संस्कृति को नीचा दिखाने को यह भी कहा गया कि उस्ताद लोग शागिर्दों की ख़ासियत को, वैयक्तिकता को मार दिया करते थे। यहाँ उल्टा हो रहा है। मुसहफ़ी ने लिखा है कि आतश अभी जवान है, २८-२९ बरस का होगा, लेकिन उस्ताद बनेगा, मुझे भी उसकी शायरी पसन्द है, मैं उसी के रंग में लिख रहा हूँ। यह सच भी है, उनका आख़िरी सातवाँ और आठवाँ दीवान आतश के रंग में ही है। उनकी शायरी अमूर्त है, आपको मज़ा आये या न आये, उन्हें पसन्द करने के लिए आपके भीतर वैसी रुचि विकसित होनी चाहिए। मैंने तो एक जगह यह लिख दिया था कि मैं नासिख़ को शायर नहीं मानता क्योंकि उनमें गद्यात्मकता बहुत है, कविता कम। इस पर मैंने सार्वजनिक तौर पर कान पकड़कर

माफ़ी माँगी। अब मैं यह कहता हूँ कि जो आदमी नासिख़ की कविता का आनन्द नहीं ले सकता, वह उर्दू के क्लासिकल साहित्य की संस्कृति को समझ सकता है न उसका आनन्द ले सकता है।

आप कह रहे थे कि नासिख़ हैदराबाद चले गये थे।

इनके अगुआ नसीर शाह नसीर जो ज़ौक़ के उस्ताद थे, वे कुछ दिन के लिए लखनऊ आये थे फिर हैदराबाद चले गये। उनकी वहाँ बहुत क़द्र हुई। दीवान चन्दूलाल, निज़ाम हैदराबाद के मुख्यमन्त्री, इनके बहुत मनाने वाले थे, उन्होंने इनको बुलवा लिया था।

नासिख़ पूरे वक़्त कहाँ रहे?

लखनऊ में। ये लोग कश्मीरी थे, इनके पिता ने इनको गोद लिया था, उस पर लोगों ने बहुत फ़ब्तियाँ कसी थीं। ये समलैंगिक थे, जिसकी उस ज़माने में बहुत चर्चा थी। एक तज़्किरा है, ख़ुश मार्के ज़ेबा, जिनके लिखने वालों ने इस क़िस्म की वास्तविक और काल्पनिक सभी घटनाओं को लिखा है। नासिख़ कानपुर बहुत जाया करते थे। जब भी लखनऊ के नवाब या उनके वज़ीर उनसे नाराज़ हो जाते, नासिख़ या तो इलाहाबाद या कानपुर चले जाते थे। कानपुर पर भी उन्होंने शे'र कहा है, तुम वो भी सुन लो :

ये नौचे खाते हैं ज़िन्दों को कानपुर के लोग
जैसे मुर्दों को खाते हैं ज़ाग गंगा में

कानपुर के हिन्दू शायर थे, उनका नाम याद नहीं आ रहा, वे भी बालक-पसन्द थे। उनका माशूक़ किसी काम से लखनऊ जा रहा था, उन्होंने उसके साथ कविता रख दी, अफ़सोस मुझे अभी याद नहीं है पर उसकी एक पंक्ति यह है : नासिख़ से बच के रहना, बड़ा लौण्डेबाज़ है। नासिख़ के ख़ास माशूक़ मिर्ज़ाई खान थे। टकसाल को दारुल ज़र्ब कहते हैं। ज़र्ब के माने हैं, ठप्पा लगाना। अरबी में उसका अर्थ मारना होता है। दारुल ज़र्ब यानि मारने की जगह। मिर्ज़ाई खान ने नासिख़ से कुछ पैसा मँगवाया। उन्होंने पैसा ज़रूर भेजा होगा पर एक शे'र भी लिख भेजा फ़ारसी में :

चि हाज़त अज़ ज़रो दीनारदारी कि दारूज्ज़र्ब दर शलवारदारी

(तुझे रुपये या दीनार की ज़रूरत क्या है कि तेरी शलवार में टकसाल है।)

यह सब और लोग नहीं कर सकते थे, यह ख़याालबन्दों का काम था। इसीलिए मैंने इस कहानी 'आफ़ताब-ए-ज़मीं' में संकेत किया है कि बेचारे नासिख़ को औरतों से क्या मतलब था, वे किसी और रंग के आदमी थे। आतश ने कभी शादी ही नहीं की। मुझे यह कहानी इसलिए भी अच्छी लगती है कि मुसहफ़ी जितना बड़ा आदमी था, उतनी जगह उसे नहीं मिली। उसके आठ दीवान पिछले २०-२५ सालों में ही छप पाये हैं। रामपुर में उनके शागिर्द के शागिर्द दो आदमी थे, उन्होंने वहाँ के पुस्तकालय से चार दीवान निकाले और उन्हें मिलाकर छाप दिया और उसे 'दीवाने मुसहफ़ी' कह दिया और ज़ुल्म ये किया कि उसमें जगह-जगह पुरानी ज़ुबान काटकर नयी ज़ुबान बना दी। गोया ये उनके उस्ताद की शान के ख़िलाफ़ था कि वे रह तो रहे हैं १७८५ में और पढ़े जायेंगे १९८५ में। इसलिए उन्होंने काट-काटकर ज़ुबान को नया कर दिया। पाँचवें से आठवाँ दीवान बाद में छपा, नौवाँ अब जाकर छपा। फिर भी उनका लिखा बहुत कुछ छूट गया है। लोगों ने उनकी क़द्र ज़्यादा नहीं की और इस क़िस्म के लतीफ़े मशहूर हो गये कि इंशा से उनका झगड़ा हुआ और इनकी पुतलियाँ बना दीं और इन्हें लड़ते हुए दिखाया और यह भी कि उनके पीछे हाहाकार करते हुए लौण्डे लगे हुए हैं और यह शे'र पढ़ा जाने लगा :

स्वांग नया लाया है चरखे कुहन
लड़ते हुए आये हैं मुसहफ़ी ओ मुसहफ़न

ये हुआ होगा। उस ज़माने में यह सब चलता था लेकिन इन सब चीज़ों को आगे लाना ग़लत था। बादशाह के बेटे सुलेमान शिकोह लखनऊ आकर रहे थे। उनसे इनकी पहले बनती थी फिर नहीं बनी तो यह कह दिया गया कि यह इंशा की वजह से हुआ है। पहले इनकी तनख़्वाह पच्चीस रुपये महीना थी फिर घटाकर पाँच रुपये कर दी गयी। इस पर उन्होंने कविता भी लिखी थी। उन्होंने नवाब को नसीहत दी थी कि आप ग़लत लोगों की बात सुनते हैं। उनकी क़द्र नहीं हुई, मैंने उन्हें दोबारा स्थापित करने की कोशिश की। मुझे पता नहीं, मैं कामयाब हो सका या नहीं। उस कहानी में दिल्ली, लखनऊ, बिहार, पूर्वी उत्तर प्रदेश की संस्कृति की झलकें आ गयी हैं, उस ज़माने में हिन्दू-मुसलमानों में जो पूरी तरह

एका था, वह भी आ गया है, ग़रीब लोगों के बच्चे बेचने की मजबूरी भी उसमें आ गयी है। न्याय-अन्याय, अच्छाई-बुराई, क्रूरता-विनय जो उस ज़माने में थीं, वे भी आ गयी हैं।

कहानी में इशरत जहाँ, भूरा बेग़म की संवेदनाएँ भी बेहद परिष्कृत और बारीक हैं...

सच है। उसमें एक छोटे-से पैराग्राफ़ में मैंने उसका 'सरापा' लिखा है। वह इतना सूक्ष्म है कि उसे पढ़कर हमारी बीवी कहने लगीं, 'ऐसा आपने कभी हमारे बारे में नहीं लिखा।' हम हाथ जोड़कर चुप हो गये। वह काल्पनिक है, आप तो वास्तविक हैं। हमने उनके मरने के बाद उन पर कविताएँ बहुत लिखीं। मैं उनके ऊपर बहुत रोया। हमारा प्रेम विवाह था ही और बाप-माँ के ख़िलाफ़ था। हम लोगों में बनी ख़ूब। उन्होंने मेरे लिए बहुत बलिदान भी दिये। वे घर में ही स्कूल और बच्चों में लगी रहीं और मैं मारा-मारा फिरता रहा। १९९४ के बाद हम साथ रहे। उसके पहले तक हमारी नौकरी की जगहों पर वे आती-जाती रहती थीं पर हम साथ नहीं रहे। वे अपने बाप की मर्ज़ी के ख़िलाफ़ मेरे साथ गुवाहाटी आकर भी रहीं।

उपन्यास की शुरुआत भी उन्हीं पर लिखी आपकी कविता से होती है।

आज .फ़ारूक़ी साहब से बातचीत का तीसरा और आख़िरी दिन है। वे चाहते थे कि बातचीत दो दिनों में ही ख़त्म हो जाती पर ऐसा हुआ नहीं, इससे मुझे तो .ख़ुशी थी ही, वे भी थकान के बावजूद दुःखी नहीं थे। उन्होंने पिछले दिन इतना भर कहा कि मैं आज थोड़ा-सा देर से आऊँ। मैं आज भी दिल्ली की धूल-धक्कड़ से गुज़रता हुआ, .फ़ारूक़ी साहब से मिलने की ख़ुशी दिल में लिए बाराँ के घर की चौखट पर पहुँच गया। मैं सोच कर आया था कि अब तक की बातचीत में उनके उपन्यास लेखन की बेहतर भूमिका बन चुकी है

इसलिए आज दोपहर हम ज़्यादातर उपन्यास पर ही बात करेंगे। मुझे पता था कि .फ़ारूक़ी साहब अपनी कहानियों की तरह ही अपने उपन्यास पर भी खुलकर बात करेंगे। वे उन लेखकों में नहीं हैं जो अपने लेखन के बारे में रहस्य बनाये रखते हैं। .फ़ारूक़ी साहब के लेखन का रहस्य उनके लिखने के ढंग में इस क़दर गुँथा हुआ होता है कि उस पर वे कितनी ही बात क्यों न करें, वह बना रहता है।

आज कहाँ से शुरू करने वाले हो?

ज़ाहिर है कहानियों से होते हुए अब हम आपके उपन्यास पर आ गये। आज उसी के आस-पास रहें। 'कई चाँद थे सरे आसमाँ' की शुरुआत में नेत्र विशेषज्ञ और लन्दन, जहाँ वे जा रहे हैं, उनके कई वर्णन आते हैं, जैसे वे लन्दन में वसीम जाफ़र से मिलते हैं और वे दोनों ब्रिटिश संग्रहालय में जाते हैं और उससे जुड़े संग्रहालय के विवरण भी। वे किस हद तक आपने कल्पित किये हैं, क्या वसीम जाफ़र जैसे चरित्रों के पीछे कोई ऐतिहासिक चरित्र है?

१९३० के दशक में उर्दू के एक लेखक हुए हैं, सलीम जाफ़र, उन्होंने ग़ालिब पर काम किया है, भाषा विज्ञान पर भी, इंशा के कलाम की किताब भी सम्पादित की। यह नाम इतना सामान्य मुसलमान नाम है कि मुझे यह ख़याल तक नहीं आया कि इनके बाप-दादा कोई अँग्रेज़ रहे होंगे या इनका ताल्लुक वज़ीर खानम से रहा होगा। हुआ यह कि मुसहफ़ी वाली कहानी 'आफ़ताब-ए-ज़मीं' के प्रकाशन के बाद मुझसे कई लोगों ने कहा कि अब आप दाग़ पर ऐसा ही कुछ लिखिए। दाग़ भी बड़े दिलचस्प, रंगीन और गोया आधुनिकता पूर्व के आख़िरी बड़े शायर हैं। वे ही उस समय के प्रतिनिधि शायर हैं। हम दाग़ के बारे में जानते ही थे और यह भी कि वज़ीर खानम उनकी अम्मा थीं। यह भी इतिहासकार और अन्य लोग कहते रहते थे कि वे वेश्या थीं। पर यह बात कि सलीम जाफ़र उनके रिश्तेदार थे, मुझे नहीं मालूम थी।

क्या तब तक सलीम जाफ़र की किताबें आप देख चुके थे?

देख चुका था, मेरे पास अभी भी हैं, वे अपने समय के जाने-माने लेखक थे। फिर यह नाम सलीम जाफ़र इतना अधिक मुख्यधारा का नाम है कि आप कहीं से यह कल्पना कैसे करेंगे कि इसके पुरखों में कोई अँग्रेज़ भी रहा होगा। जब मैंने इस बारे में थोड़ा पढ़ा-लिखा, मालूम ये हुआ कि ये मार्सटन ब्लेक की औलाद की सीधी-सीधी औलाद हैं। मैंने उपन्यास में जैसा लिखा है कि वह पाकिस्तान चला गया और वहाँ उसे फ़ालिज मार गया और वहीं उसकी अनजान आदमी की तरह मौत हो गयी, यह सचमुच हुआ था। उर्दू साहित्य को उसका असली योगदान कि उसने उर्दू को अपनी मातृभाषा और उसके साहित्य को अपने साहित्य की तरह स्वीकार किया और ग़ालिब और अन्य विषयों पर अच्छे निबन्ध लिखे थे, भुला दिया गया। मुझे लगा उसे याद करना ज़रूरी है। वज़ीर खानम के बारे में लिखते हुए यह अच्छा ही था कि आप उसके इस गौरवशाली वंशज के बारे में भी लिखें यानि आप उसे फिर से स्थापित करें। यह कैसे किया जाता ? यहाँ तो वे थे नहीं, पाकिस्तान में थे। अब उनका चित्र कहाँ होगा, यह पता नहीं था इसलिए मैंने उसके बारे में बड़ा-सा क़िस्सा गढ़ा कि लार्ड रॉबर्टस, जो सामान लाया था, वे ब्रिटिश संग्रहालय में यूँ ही पड़े थे, उसमें वह तस्वीर मिली थी। यही सबसे अच्छा ढंग सलीम जाफ़र को दोबारा जीवित करने का था। यही एक ढंग भी था जिससे वज़ीर ख़ानम को भी श्रद्धांजलि दी जा सकती थी कि उनका एक वंशज इतना प्रतिभावान निकला। अब सवाल यह था, उन्हें उपन्यास में कैसे लाया जाये ? यहाँ तो उनका कोई सम्बन्धी है नहीं। यहाँ मार्सटन ब्लेक की औलादों की औलादों में, जिनका ज़िक्र आख़िरी वंशज की तरह हुआ, जयपुर के 'दर्द' थे पर उनके बारे में मैंने कहीं पढ़ा था कि वे वज़ीर खानम या मार्सटन ब्लेक से अपना रिश्ता जोड़ना अच्छा नहीं समझते क्योंकि उन्हें लगता है कि इससे उनकी तथाकथित शराफ़त पर धब्बा लग जायेगा कि साहब ये मिलावटी शादी और वह भी चरित्रहीन स्त्री के विवाहेतर सम्बन्ध से पैदा हुए बच्चों के वंशज हैं। यह ख़बर भी १९४० की थी। उसके बाद मुझे कुछ नहीं मालूम। इसीलिए मैंने यह सारा खटराग पैदा किया जिसमें एक चरित्र नेत्ररोग विशेषज्ञ है और उसे वंशावलियों में रुचि है, इसलिए वह ब्रिटिश संग्रहालय जाता है। मुसलमानों में ख़ासकर अरबों में वंशावलीशास्त्र बहुत बड़ा विज्ञान था, 'इल्म-उल-अंसाब' उसे कहते हैं। ख़ुद हमारे पुरखे उमर के बारे में यह कहा जाता है कि वे बहुत बड़े वंशावलिकार थे। किस

क़बीले की किस लड़की की शादी किस क़बीले के लड़के से हुई, उनसे पैदा हुए बच्चे कहाँ-कहाँ हैं, यह वंशावलीशास्त्र था और यह भी कि किसी वंश की तमाम शाखाओं को अपनी याददाश्त में महफ़ूज़ कर लेना। अरबी में दो लफ़्ज़ हैं, हसब और नसब। हसब यानि कहाँ का है, मालूम हुआ मुम्बई का है या भोपाल या इलाहाबाद का है। नसब यानि इसका बाप कौन है, बेटा कौन है।

यानि हसब 'स्पेस' के बारे में है और नसब 'समय' के बारे में।

हाँ, यही। अरब में हसब का उतना महत्त्व नहीं है क्योंकि वहाँ ज़्यादातर क़बीले थे और वे जगह-जगह जाते रहते थे। ऐसी जगहें मुक़र्रर थीं जहाँ वे पानी के लिए जाया करेंगे, हर कुछ महीनों के बाद। लेकिन किसी के लिए भी स्थायी सहारा नहीं था अलावा शहरी लोगों के। आधुनिक-पूर्व अरब में दो तरह के लोग होते थे। एक थे एहलुल वब्र, जो निर्जन जगहों पर रहते थे। दूसरे होते थे एहलुल मद्र, ये वो लोग थे जो ईंटों के मकानों में रहते थे। उमर मक्के क़े रहने वाले थे इसलिए एहलुल मद्र थे। लेकिन किसी भी एहलुल मद्र की शान में यह बट्टा माना जाता था कि वह एहलुल वब्र के लोगों को जानता न हो : वे कौन-से क़बीले के हैं, कहाँ मिलते हैं, इनकी पानी की जगहें कहाँ हैं, इनकी शादियाँ कहाँ हुई हैं, इनका पिछला झगड़ा किससे और कब हुआ था, उसमें कितने लोग मरे थे। उमर बहुत बड़े नस्साब थे। यहाँ भी आधुनिकता के पहले 'इल्म-उल-अंसाब' मदरसों में पढ़ाया जाता था, अब बिल्कुल भी नहीं। इसलिए हमने उपन्यास में यह डाल दिया कि हमारे आँख के डाक्टर को वंशावली बनाने का बड़ा शौक़ है। उसको यह जिज्ञासा रहती है कि गोरखपुर में कौन लोग हैं, वे कहाँ से आये हैं वग़ैरह... ये मेरे लिए खड़ा करना कठिन नहीं था। फिर यह कि सलीम जाफ़र के पोते वसीम जाफ़र को किताब मिलती है आदि की मैंने कल्पना की पर तुम अच्छी तरह जानते हो कि यह भी उपन्यासकार की एक युक्ति है। इससे लेखक अपने को कहानी से दूर रखकर कहानी की विश्वसनीयता को बनाये रखता है। मैं चाहता था कि वह किताब अतीत का प्रतीक हो जाय, जो घटनाएँ उस समय हुईं और जिन्हें स्मृति में संरक्षित किया जाना था वे किन्हीं ऐतिहासिक कारणों से नहीं हो सकीं। वो सब मैंने उसके स्वप्न में होता हुआ दिखा दिया। अपने ख़याल में मैंने

काल के परे एक काल का चौखटा खड़ा कर दिया जिसमें उस संस्कृति, उसके अतीत, वज़ीर खानम और उसके घरवालों को रख सकूँ।

और उन्हें इस तरह वस्तुनिष्ठ ढंग से देख सकूँ...

हाँ। इससे यह भी हुआ कि मुझे यह कहने की ज़रूरत नहीं रही कि ऐतिहासिक रूप से यह घटना १८०५ में हुई या १८०७ में या १८१२ में। इस तरह उस उपन्यास में ठीक-ठीक तारीख़ों से ज़्यादा घटनाएँ महत्त्व की हो गयीं। मैंने यह कहा कि ये घटनाएँ इस तरह हुईं और इन्हें कोई व्यक्ति इस तरह याद कर रहा है। उपन्यास के सारे आख्यान का आधार इसीलिए वसीम जाफ़र से मिली पाण्डुलिपि हो गयी। उसके लिखने में मैंने यह किया, चूँकि आख्याता को यह मालूम नहीं होता कि यह कौन है तो शुरू का आख्याता आधुनिक उर्दू लिखता है लेकिन जैसे ही १८-१९वीं शताब्दी के चरित्र आते हैं, वे अपने ज़माने की उर्दू बोलते हैं। मैंने यह ध्यान रखा कि उपन्यास के उस भाग में ऐसा एक लफ़्ज़ भी न लिखूँ, जो उस ज़माने में प्रचलित न रहा हो। इसलिए आपको उस हिस्से में ऐसा एक भी लफ़्ज़ नहीं मिलेगा जो १९वीं सदी के अन्तिम बरसों में या २०वीं सदी में उर्दू में आया होगा। यही मैंने उसमें आयी अँग्रेज़ी के साथ भी किया। इस पर उर्दू वालों ने भी बहुत एतराज़ किया कि ये कौन-कौन से शब्द आपने लिख दिये हैं कि समझ में ही नहीं आते। ये कौन-कौन से मुहावरे आ गये! अँग्रेज़ी में इस उपन्यास के अनुवाद को डी. एस. सी. पुरस्कार इसलिए नहीं मिला क्योंकि इसमें प्रचीन शब्दों की भरमार है।

उपन्यास के हिन्दी अनुवाद में उर्दूओं का यह फ़र्क़, जिसका आप ज़िक्र कर रहे हैं, मालूम नहीं देता...

वो फ़र्क़ हिन्दी में कैसे आयेगा? हिन्दी हो या अँग्रेज़ी। अँग्रेज़ी में मैंने इसकी भरपाई इस तरह कर दी कि जहाँ पुरानी उर्दू के लफ़्ज़ थे, वहाँ मैंने पुरानी अँग्रेज़ी के लफ़्ज़ रख दिये। कई चीज़ें ऐसी हैं, जो उर्दू से दूसरी ज़ुबानों में आ ही नहीं सकतीं, फिर वह भले फ़ारसी ही क्यूँ न हो। मिसाल के तौर पर जो ख़ास क़िस्म की दरबारी ज़ुबान है, जो बहुत विस्तृत और आलंकारिक होती है, उसे १६वीं सदी की अँग्रेज़ी में भले ही किसी हद

तक लाया जा सके वर्ना ऐसी दरबारी भाषा आज न फ़ारसी में है और अँग्रेज़ी में तो बिल्कुल नहीं है।

अब यूरोप में लोकतन्त्र का बोलबाला है, वह जैसा भी हो, इसलिए ऐसी विस्तृत दरबारी जुबान अँग्रेज़ी में कैसे होगी? हिन्दी में भी...

हमारे बाप के समय तक यह आम था कि अगर आपको बड़ा अफ़सर भी ख़त लिख रहा है, वह यूँ लिखेगा : आय हेव दी ऑनर टू बी योर मोस्ट ओबिडियेण्ट सरवेण्ट और उसके बाद अपना दस्तख़त करेगा। २०वीं सदी की शुरुआत तक इस क़िस्म की भाषा आम थी लेकिन अब वह अँग्रेज़ी बिल्कुल नहीं है फिर भी हमने उसी को लेना चाहा जितना ले सके। पर जितनी विस्तृत उर्दू उस ज़माने में थी, उसका जवाब न अँग्रेज़ी में हो सकता है, न हिन्दी में। इसलिए अनुवाद के दौरान बहुत कुछ छोड़ना पड़ा। ज़ाहिर है अनुवाद में छोड़ना ही पड़ता है। उर्दू का पुराना रूप, उसका उच्चकोटि का साहित्यिक, अलंकारिक, फ़ारसीकृत, अरबीकृत रूप, उसकी प्रेम की भाषा या दरबार की या औरतों की, यह सब छोड़ना पड़ा। उस ज़माने में उर्दू मुहावरों से लदी हुआ करती थी। अब बदक़िस्मती से कम होती चली जा रही है। लोगों ने मुझसे शिकायत की कि इस उपन्यास में लिखे मुहावरों के मायने उन्हें समझ नहीं आते। १९वीं सदी तक यह भाषा एक तरह से लोगों के क़रीब थी इसीलिए उसमें कहावतों, मुहावरों और ऐसे शब्द भी बहुत थे, जो रूपक बन गये थे।

ऐसा इसलिए भी हुआ होगा क्योंकि तब सामुदायिक जीवन ही अधिक प्रभावी रहा होगा, लोगों में जुड़ाव अधिक रहा होगा।

यह तुमने बहुत अच्छी बात कही कि सामुदायिक जीवन उन दिनों अधिक जुड़ा हुआ था, साहित्यिक ज़िन्दगी से भी और तथाकथित ऊँची कोटि की ज़िन्दगी से भी। लोग आसानी से इन तमाम जगहों में आ-जा सकते थे। वह अब नहीं कर सकते। ख़ासकर अँग्रेज़ों के ज़माने के बाद से बिल्कुल नहीं कर सकते। अँग्रेज़ों की ज़िन्दगी में कोई भारतीय सहज रूप से आ-जा नहीं सकता था। अगरचे उसने अँग्रेज़ औरत से शादी भी क्यों न कर

ली हो। यह इसलिए हुआ क्योंकि शासक और शासित के बीच स्पष्ट रेखा खींच दी गयी थी। १८५७ के पहले की संस्कृति में कम-अज़-कम ऐसा फ़र्क़ नहीं था। इसको अकबर इलाहाबादी ने बहुत अच्छे से कहा है। १८५७ के बाद जब अँग्रेज़ों ने इलाहाबाद को दोबारा व्यवस्थित किया, उन्होंने पहला काम यह किया कि पुराने केण्टोनमेण्ट (जो गंगा जी के पास आज भी है) के अलावा सिविल लाइन्स के ठीक बीच में एक और केण्टोनमेण्ट बना दिया। वो भी अभी है, उसे न्यू केण्टोनमेण्ट कहते हैं। आजकल जहाँ रेलवे लाइन है, वो एक ऐसी रेखा की तरह खींची गयी जिससे पुराना शहर और सिविल लाइन्स अलग हो गये। अकबर इलाहाबादी ने कहा यह है कि पहले बड़े को छोटे की ख़बर थी, छोटे को बड़े की। हवेली आपकी है तो उसके नीचे हमारी झोपड़ी भी है। अब ये है कि आपकी हवेली तो सिविल लाइन्स में है और मेरी झोपड़ी रानी मण्डी में। हमको क्या पता आप क्या बोल रहे हैं, क्या खा रहे हैं, और आपको क्या पता कि हम क्या कर रहे हैं, भूखे मर रहे हैं कि ज़िन्दा हैं। मीरवाली कहानी में मैंने दिखाया है कि बड़े-बड़े लोगों की हवेलियाँ हैं और उसी के पास छोटी-सी मस्जिद और छोटा-सा बाज़ार है, साथ ही १०-२० ग़रीब लोगों के घर भी हैं। सब आपस में मिले हुए हैं। यह सब लगभग १८५७ तक चलता रहा। तब तक भी बड़े-बड़े हाकिमों की, नवाबों की, राजाओं की हवेलियों के पास यह सब होता था। अभी भी तुम चले जाओ, दिल्ली के कटरा नील में छुन्नामल चाँदीवाले की बहुत बड़ी हवेली है और पास में गलियाँ हैं, जुड़े हुए छोटे-छोटे मकान हैं। यह बहुत आम था। गली-ए-क़ासिम जहाँ ग़ालिब का मकान था, वहाँ भी क़ासिम की हवेली बहुत बड़ी है, उसमें आजकल सत्रह-अठारह घर बने हैं, जहाँ हमारे-आपके जैसे लोग रहते हैं। कहने को यह ठीक है कि इस उपन्यास में मैंने वज़ीर ख़ानम या सलीम जाफ़र और दाग़ को बड़े पैमाने पर गोया दोबारा स्थापित किया है या अपने सांस्कृतिक इतिहास में उनका पुनर्कथन किया है लेकिन उससे बड़ा काम जो मैंने उसमें करना चाहा था, वह जितना भी हो सका हो, यह था कि मैंने उस संस्कृति का पुनर्कथन किया है। लोग तब कैसे बोलते थे, कैसे प्रतिक्रिया करते थे, किन परिस्थितियों में उनका क्या व्यवहार होता था, बाप-माँ, बाप-बेटी, भाई-बहन के किस क़िस्म के रिश्ते होते थे, शादी-ब्याह के अलावा भी लोग आपस में कैसे मिलते थे, हिन्दू-मुसलमानों के कैसे रिश्ते थे। मालिक और नौकर के रिश्ते की

एक मिसाल तब आती है, जब नवाब शमसुद्दीन के यहाँ शिकारी भरमारू पहुँचता है तो नवाब कहते हैं, बैठो, खाना खाओ। आज यह मुमकिन नहीं है। आप कितने ही उदार क्यूँ न हों, आप अपने शिकार मास्टर को पास बिठाकर यह नहीं कहेंगे, आ भाई खाना खा। ऐसे कई रास्तों से मैंने यह दिखाने की कोशिश की कि उस ज़माने में ज़िन्दगी कैसे जी जाती थी बल्कि यह कि लोग ज़िन्दगी को किस तरह लेते थे। साथ ही बदलते हुए मंज़र के बारे में वे लोग किस हद तक सजग थे और किस हद तक अनजान। मैं यह दिखाने की कोशिश कर रहा था कि लोग बदलते मंज़र के लिए दरअसल अनजान थे। वे सोचते थे कि लाल क़िले में बैठे बादशाह का यह जो इक़बाल बुलन्द है, वह हमेशा बना रहेगा, यह ज़रूर है कि अभी सूरज गहरा गया है पर वह कुछ वक़्त बाद फिर निकल आयेगा। जो उस समय हो रहा था, वह मामूली-सी घटना है, जो आयी-गयी हो जायेगी। यह विचार मज़बूत था। शाह आलम की टकसालें लाहौर, ग्वालियर और दो एक जगह और थीं, उनके टाँके हुए ही सिक्के हर जगह मुक्त रूप से चलते थे, वही उस ज़माने का सिक्का था। अशरफ़ी भी थी। अँग्रेज़ों ने इसकी काट के लिए १८३५ में अपना सिक्का शुरू किया : कम्पनी सिक्का। लेकिन जो क़ीमत 'चेहरे शाही' की थी, इन लोगों की नहीं थी। १८५७ के बाद तक वे सिक्के चला करते थे। वे लोग सोचते थे कि ये विदेशी लोग आये हैं, जल्द ही निकल जायेंगे। लाल क़िले से जो राज कर रहा है, राज उसी का रहा आयेगा। हम उसी की प्रजा हैं। १८५७ ने सब बदल दिया। बादशाह का हटाया जाना सिर्फ़ राजनैतिक घटना नहीं थी, सारे देश की मानसिकता में भी बदलाव का आना था। वे यह सोचने पर मजबूर हो गये थे कि अब लाल क़िले की गद्दी ख़ाली है। अँग्रेज़ों ने मिर्ज़ा फ़ख़रू से उत्तराधिकार सम्बन्धी जो बातचीत शुरू की थी, उसमें यह राज़ीनामा शामिल था कि अँग्रेज़ उन्हें वली अहद तो मान लेंगे पर उन्हें लाल क़िला ख़ाली करना होगा। १८५७ ने लोगों के विश्वास के केन्द्र लाल क़िले को मानसिक स्तर पर मिस्मार कर दिया था। जामा मस्जिद में घोड़े बाँध दिये गये और उसे जानवरों और आदमियों का अस्पताल बना दिया गया। लाल क़िले में शस्त्रागार बना दिया गया।

आप कह रहे हैं कि उस ज़माने के ज़्यादातर लोगों को अँग्रेज़ी राज की गहरी समझ नहीं है और अगर है तो वे यह सोचते रहे कि

> यह राज हमारी जीवन शैली को बहुत प्रभावित नहीं कर पायेगा। हमारी ज़िन्दगी पहले जैसे चलती रहेगी और अँग्रेज़ी राज कुछ टैक्स वग़ैरह वसूल करता रहेगा। इनके बड़े से बड़े लोगों में, फिर वे ग़ालिब ही क्यूँ न हों, अँग्रेज़ी राज की गहरी समझ नहीं थी।

इस मामले में ग़ालिब औरों से कुछ आगे थे लेकिन फिर भी उन्हें अँग्रेज़ी राज के स्थायित्व की समझ नहीं थी। उन्हें इस तरह की समझ थी कि पश्चिम से जिस तरह की टेक्नोलॉजी आ रही है, उससे ज़िन्दगी का रूप बदलेगा। यह उन्होंने किसी से भी पहले समझ लिया था। लेकिन इससे उन्होंने कोई काम नहीं लिया। वे यही समझते रहे कि दरबार और दरबारी का रिश्ता बदलेगा नहीं। वे बार-बार मलिका विक्टोरिया के यहाँ लिख रहे हैं कि उन्हें पोएट लॉरिएट बना दिया जाय क्योंकि वे बहादुर शाह ज़फर के भी पोएट लॉरिएट रहे हैं, उन्होंने तमाम तीसरे दर्ज़े के अँग्रेज़ों की तारीफ़ में लिखा और उनसे उम्मीद करते रहे कि वे उनका मामला मलिका के दरबार में पेश करेंगे, उसके लिए लड़ेंगे। उनकी समझ यह थी कि शक्ति-तन्त्र का एक कर्तव्य यह भी था कि वह सांस्कृतिक रूप से आपको बचायेगा और प्रोत्साहित करेगा। शक्ति प्रदर्शन का यह भी साधन था। मान लीजिये मैं आपको नौकरी पर रखकर आपसे कहूँ कि इस कपड़े पर एक ताजमहल की अनुकृति बना दीजिये, जिसके सारे हिस्सों के अनुपात ठीकठाक हों, मैं आपको एक लाख रुपये दूँगा। ऐसा करके मैं आपको सिर्फ़ संरक्षित और प्रोत्साहित ही नहीं कर रहा होऊँगा बल्कि मैं संस्कृति पर अपने अधिकार का प्रदर्शन भी कर रहा हूँ। यानि मैं यह दर्शा रहा होऊँगा कि मैं यह काम भी करवा सकता हूँ। शासक पर ऐसा यक़ीन नहीं बदला था इसीलिए ग़ालिब यह सब करते रहे। सर सैयद एहमद खान जब 'आईने अकबरी' का सम्पादन कर रहे थे, उन्होंने ग़ालिब से कहा कि इसकी भूमिका लिख दें। ग़ालिब ने इस पर फ़ारसी की एक लम्बी-चौड़ी कविता ठोंक दी। वे बोले, 'यह क्या कर रहे हो, ये किस काम की चीज़ है। अँग्रेज़ों को देखो वे लोहे के जहाज़ पानी पर चलवा रहे हैं, पल-पल की ख़बरें समुद्र पार से उनके पास तार से पहुँच जाती हैं। ये पुराने लोगों को पढ़कर क्या फ़ायदा होगा।' सर सैयद अपने ख़याल में बड़ा मूल्यवान काम कर रहे थे कि वे 'आईने अकबरी' का पुनरुद्धार कर रहे हैं, उसकी

काट-छाँट कर रहे हैं, उसके पाठ को आधुनिक कर छाप रहे हैं ताकि लोग देखें कि साहब यह कितनी बड़ी किताब है, क़ानून, नृतत्वशास्त्र और इतिहास की, राजनीति और प्रशासन के सिद्धान्त की। उस किताब में अबू फ़ज़ल साहब ने खींचतान के एक हज़ार साल पहले के किसी आध्यात्मिक नेता, सूफ़ी को अकबर का पुरखा बता दिया, तैमूर के अलावा, इससे वह अकबर की अलौकिकता साबित कर रहा है। इसके अलावा उसने यह भी लिखा कि हिन्दुस्तान में फ़सलें कितनी हैं। कितने तरह के अनाज होते हैं। कै तरह के लोग पाये जाते हैं। यहाँ कौमें कितनी हैं, उनके रस्मोरिवाज क्या-क्या हैं। ये लोग पहनते क्या हैं। 'आईने अकबरी' की पहली किताब तो नृतत्वशास्त्र की है, उसमें यह भी है कि प्रशासन कैसे होता है। राजा और प्रजा में रिश्ता क्या है। राजा किस तरह और लोगों के कहे को सुनता है और समझने की कोशिश करता है, इसलिए नहीं कि वह उनका धर्मान्तरण करना चाहता है बल्कि इसलिए कि वह उन्हें समझना चाहता है। यह बात ये बताने का ज़रिया भी है कि राजा प्रजा के हर हिस्से को महत्त्व देता है। इतनी बड़ी किताब के लिए सर सैय्यद ने कहा कि इसे क्या पढ़ना, अपने आगे अँग्रेज़ों को देखो, अकबर के ये सब ढंग रहे होंगे एक ज़माने में पर हर ज़माने में रीतियाँ बदल जाती हैं। वे यह सब कह रहे हैं लेकिन यह नहीं समझ रहे हैं कि टेलीग्राम से सिर्फ़ ख़बरें नहीं आतीं, अगर वो नहीं होता तो सन् १८५७ की लड़ाई का नतीजा कुछ और ही होता। ग़ालिब इसको नहीं समझ पाये। सैय्यद एहमद ख़ाँ इसको समझते थे। हमारे उपन्यास में इसी वजह से ग़ालिब, ज़ौक़ आदि ऐसे व्यवहार करते हैं मानो कुछ बदला न हो। वहाँ बादशाह था, फिर वह भले ही निष्प्रभावी रहा हो। इसीलिए लोगों ने यह नारा बनाया था कि 'मुल्क ख़ुदा का, हुकूमत बादशाह की और राज कम्पनी बहादुर का।' मैंने उन दिनों के जीवन को इस उपन्यास को लिखते समय अपने दिमाग़ में जिया है। न मैं कोई इतिहासकार हूँ, न मैंने कोई विशेष अनुसन्धान ही किया है लेकिन इतना ज़रूर है कि उस ज़माने की कविता, उस ज़माने का गद्य या लोगों की बातचीत को जानकर मैंने यह समझने की कोशिश की कि उस ज़माने और उस जगह में ऐसी क्या चीज़ें थीं जिनके कारण उन लोगों को यह महसूस होता था कि वे इन्सान हैं।

आपके उपन्यास से ग़ालिब की जो छवि निकल कर आती है,

वह उस छवि से बहुत अलग है, जो उनकी शायरी से निकलती है।

मैंने ग़ालिब के बारे में इस उपन्यास में सिर्फ़ प्रशंसा नहीं लिखी है और यह ठीक भी है भई, जिस आदमी ने अँग्रेज़ बहादुर फ्रेज़र के मरने पर वह शे'र[1] कहा, जो मैंने उपन्यास में उद्धृत भी किया है, जब वह उस कहानी में आयेगा जिसमें फ्रेज़र का मरना एक महत्त्वपूर्ण घटना है, मैं यह कैसे कह देता कि ग़ालिब पक्षपाती नहीं थे।

और यह कि वे नवाब शम्सुद्दीन की तरफ़ खड़े थे...

यह मैं नहीं कह सकता था। शम्सुद्दीन को उन्होंने एक फ़ारसी ख़त में बड़ा बुरा-भला लिखा था, जो हम सबको मालूम है। इसीलिए मैंने जान-बूझकर ग़ालिब और शम्सुद्दीन का आमना-सामना उपन्यास में बहुत पहले फ्रेज़र के घर की एक महफ़िल में करा दिया था। उसकी ज़रूरत नहीं थी पर वह मैंने जान-बूझकर इसलिए किया क्योंकि अगरचे ग़ालिब का दिल साफ़ नहीं है और वे अर्ज़ी दे रहे हैं, शम्सुद्दीन के ख़िलाफ़, कि उन्हें पूरा हिस्सा नहीं मिला। जब फ्रेज़र की हत्या होगी तब यह बात और भी फैलेगी। लेकिन इन दोनों के सामाजिक और सांस्कृतिक सम्बन्धों में कोई कड़ुवाहट नहीं है। हमने सिर्फ़ इतना किया कि उस वक़्त की अफ़वाहें लिखीं कि फ़लाँ अँग्रेज़ से ग़ालिब की बहुत जान-पहचान है, और यह कहा जाता है कि ग़ालिब ने वहाँ जाकर यह इशारा किया था कि फ्रेज़र को मारने वाला शम्सुद्दीन का आदमी था। दिल्ली उस ज़माने में अफ़वाहों का मुख्यालय थी, आज भी है। मैंने इस सब सूचना को दर किनार नहीं किया, बस इतना ही मुझसे हुआ है। लेकिन मिर्ज़ा ख़ाँ 'दाग़' को वे जिस तरह से आगे लाते हैं, उससे यह भी मालूम होता है कि वे यह अक़्ल रखते थे कि अगर कोई प्रतिभावान आदमी है तो उसे आगे लाने की कोशिश की जानी चाहिए कि वह मुख्यधारा में आ सके। दाग़ को वे अपने पास बुलाकर उनके साथ हँसते-बोलते थे, यह जानते हुए कि दाग़ उन्हीं ख़्वाजा

---

१. ग़ालिब सितम निगर कि चूं विलियम फ्रेज़रे
ज़ीं सां ज चीरादस्ती-ए-आदा शवद हलाक
(ऐ ग़ालिब, ये अत्याचार तो देखो कि विलियम फ्रेज़र जैसा शख़्स दुश्मनों की बर्बरियत के हाथों मारा जाये)

हाजी के पोते हैं, जिसने उनका हक़ छीन लिया था। मैंने यह लिखा भी है कि वो मिर्ज़ा ग़ालिब ही क्या जो मौक़े मौक़े से अपना व्यवहार बेहद शिष्ट और दोस्ताना न कर लें। यह मेरी नज़र में ग़ालिब की वास्तविक तस्वीर है। अब अगर लोग यह समझते हों कि ग़ालिब उस ज़माने में अज्ञात व्यक्ति थे या कि ज़ौक़ के सामने उनकी बिल्कुल चलती नहीं थी या कि उनकी शायरी को कोई जानता नहीं था, तो यह ग़लत है। इस विषय में बहुत लिखने की ज़रूरत इसलिए नहीं थी क्योंकि यह उपन्यास ग़ालिब के बारे में नहीं है। मुझे उनके बारे में जो कुछ कहना था, उन पर लिखी अपनी कहानी में मैंने कह ही दिया था।

हुआ यह है कि बाद के लोगों ने अँग्रेज़ी की रोमांटिक कविता पढ़कर और यह जानकर कि शैली ने कीट्स के मरने पर एडोनिस कविता लिखी थी जिसमें उसने यह कहा था कि कीट्स को बेक़द्री ने मार डाला, यह निष्कर्ष निकाल लिया कि बड़े शायरों को उनके समय में कोई पूछता नहीं है। यह सब झूठे रोमांटिक मिथक हैं। ये मिथक ब्रिटेन की साहित्यिक संस्कृति की बचकानी समझ से पैदा हुए थे इसीलिए यह कहा जाने लगा, अब भी कहा जाता है, कि ग़ालिब की क़द्र उनके ज़माने में नहीं हुई। गुलज़ार साहब ने इस पर पूरी किताब ही लिख मारी है। उसको प्रकाशित किया उर्दू काउंसिल वालों ने।

मैंने उनसे कहा कि इस किताब ने तो ग़ालिब को फालतू आदमी बता दिया है। ग़ालिब के लिए यह कहा जाने लगा कि उनकी पर्याप्त ़चर्चा नहीं हुई मानो हम बड़े समझदार हैं, जिन्होंने उन्हें पहचान लिया। अगर वे अपने ज़माने में जाने-माने न रहे होते, आपको पता कैसे चलता कि वे क्या थे। १९६९ में यह झगड़ा चला था कि ग़ालिब कौन है? यह विवाद इसलिए चल सका क्योंकि वे अपने ज़माने की जानी-मानी हस्ती थे। दरअसल, वे अपने ज़माने की केन्द्रीय सांस्कृतिक उपस्थिति थे और बाद में भी रहे। यह उनकी अन्तर्दृष्टि, मानस के विस्तार और उनकी आलोचनात्मक संवेदना का परिणाम था कि यह जानते हुए भी कि दाग़ किसका बेटा है, उन्होंने उसे बुलाया, अपने पास उठाया-बिठाया उससे शे'र कहलवाये, उससे शे'र सुने, इसके अलावा उनसे और क्या चाहिए।

लेकिन दाग़ उन्हें अपना उस्ताद क़ुबूल नहीं करते, आपने उपन्यास

में यह लिखा भी है।

भई, उस समय तक दाग़ की ज़िन्दगी में क़िले की शुरुआत हो गयी थी। क़िले का उस्ताद कौन था? इब्राहिम ज़ौक़ साहब। दाग़ के सौतेले बाप के उस्ताद भी वही थे। यह मुमकिन नहीं था कि वे ज़ौक़ के मुक़ाबले खुलकर ग़ालिब को अपना उस्ताद कहते। जब क़िले में सभी ज़ौक़ को उस्ताद मान रहे हैं, दाग़ भी उन्हीं के पास उठते-बैठते रह सकते थे। मैंने यह दिखाया है कि ज़ौक़ के ख़ास शागिर्द जैसे घनश्याम आरसी का भी दाग़ पर प्रभाव था। भीतर ही भीतर उन्होंने भी यह कोशिश की होगी कि यह लौण्डा हमारे उस्ताद के पास ही जाये तो अच्छा है, कहीं उस तरफ़ न चला जाय। दाग़ के इस फ़ैसले में उनके अपने चुनाव से अधिक उनकी परिस्थितियों का योगदान रहा होगा। दाग़ इतने स्वतन्त्रचेता व्यक्ति थे कि उन्होंने शुरुआत में ग़ालिब की ज़मीन में जो कुछ ग़ज़लें लिखीं, उनमें उसने अपना अन्दाज़ रखा। उन्होंने ग़ालिब की नक़ल नहीं की और न ही ज़ौक़ की तरह लिखा। दरअसल, दाग़ महान कवि हैं क्योंकि उसके पास लिखने के कई तरीक़े थे। उसके पास विषय बहुत हैं। वो गम्भीर बातें कहता है, चुहले और मज़ाक़ भी करता है, हल्का-सा शृंगार डाल देता है, उसके जी में जो आता है, वह कर सकता है। वह यह भी कह सकता है कि 'रोज़ कहते हो कि आदाब आदाब/आके दाबूँगा तो मुश्किल होगी।' यह भी कह सकता है कि 'जलवे मिरी निगाह में कौनों मकां के हैं/मुझसे छिपेंगे वो भला ऐसे कहाँ के है।' इस थीम पर फ़ारसी, उर्दू और भक्ति कवियों ने हज़ारों बार लिखा है। लेकिन यह लड़का जो टेढ़ापन लाया है, वह देखने लायक है। यह शे'र भी देखो इसकी ज़मीन ग़ालिब की है : 'आँखें दिखलाते हो सीना तो दिखाओ साहब/वो अलग बाँध के रखा है जो माल अच्छा है।' ग़ालिब की उसी मशहूर ग़ज़ल की ज़मीन पर है जिसमें 'हमको मालूम है जन्नत की हक़ीक़त लेकिन/दिल के ख़ुश रखने को ग़ालिब ये ख़याल अच्छा है' यह शे'र है। दाग़ में हर तरह का शे'र कहने की क़ाबिलियत थी। मैं आपको उनका एक शे'र सुनाता हूँ, जिसको सुनकर आपकी आँख खुल जायेगी कि शे'र ऐसे कहा जाता है :

ऐ दाग़ उसी शोख़ के मज़मून भरे हैं
जिसने मेरे अशआर को देखा, उसे देखा

इसी शे'र की पेरौडी कहो या मट्टी-पलीत हमारे फ़ैज़ साहब ने की है, जिनकी लोग बड़ी पूजा करते है :

> वो तो वो है तुम्हें हो जायेगी उल्फ़त मुझसे
> एक नज़र तुम मेरा मंजूरे हुनर तो देखो

यहाँ फ़ैज़ साहब दलाली ही कर रहे हैं, वहीं दाग़ कह रहे हैं, जिसने मेरे अशआर को देखा, उसने उसे देखा, तुम यह समझ लो कि देखने का अर्थ पढ़ना भी होता है, जिसने पढ़ा मेरे शे'र को उसने देखा मेरे माशूक़ को। वे न ज़ौक़ पर बन्द थे, न ग़ालिब पर। इतना ज़रूर है कि शायद वे ग़ालिब की तरफ़ जाते क्योंकि ग़ालिब की छवि आज़ाद ख़याल, अपने रंग का कहने वाले की थी, जो नये-नये मज़मून निकालते थे। ग़ालिब ज़ौक़ से ज़्यादा आकर्षक शायर मालूम देते थे। एक बात यह भी थी कि उनकी अँग्रेज़ों से बहुत दोस्ती थी पर ज़ौक़ साहब की किसी से भी नहीं थी। ग़ालिब के शागिर्द बहुत-से अँग्रेज़ थे। ग़ालिब ने लिखा भी है कि सन् ५७ के हंगामे में जो लोग मरे उनमें कोई मेरा दोस्त, कोई मेरा माशूक़, कोई मेरा ममदूद भी था।

> इस उपन्यास में कई जगहों के विवरण आते हैं जैसे नवाब शम्सुद्दीन की रियासत फ़िरोज़पुर झिरका आदि हैं। इन सबका आपने बहुत विस्तार और बारीकी से वर्णन किया है। क्या इनमें से ज़्यादातर को आपने देखा है या आपने उनकी कल्पना की है।

कुछ जगहों पर गया हूँ पर ज़्यादातर की कल्पना की है। मिर्ज़ा तुराग ने सोनपुर के मेले से लेकर रामपुर तक का जो रास्ता तय किया था, उसमें उसे ठग मार देते हैं, वह मेरा देखा हुआ है। मैंने उस रास्ते पर सफ़र किया है। इस तरह कुछ चीज़ें मैं जानता था, जो नहीं जानता था, उनके बारे में किताबों में देखा और कुछ कल्पना की। जैसे मैंने यह जो लिखा है कि नवाब शम्सुद्दीन के बाप अहमद बख्श ख़ान ने अपने ज़माने में फ़िरोज़पुर का क़िला दुरुस्त कराया, यह साधारण-सी बात है, ज़रूर कराया होगा। यह बात कि फ़िरोज़पुर में गुरुद्वारा हो गया है, दो-चार मन्दिर बन गये हैं, यह भी बिल्कुल सीधी बात है। शहर में जब व्यापार बढ़ेगा, व्यापारी आयेंगे-जायेंगे, वे कहाँ पूजा करेंगे, कहाँ नमाज़ पढ़ेंगे, सो हमने लिख

दिया। ज़ाहिर है यह सब रहा ही होगा। मेरे लिए यह ज़रूरी नहीं था कि मैं गिनूँ कि मस्जिद कितनी थीं, कितने मन्दिर।

आपने अपने सी. एस. डी. एस. वाले व्याख्यान में कहा था कि हम लोग गल्प को वास्तविकता बना लेते हैं। यह सिर्फ़ लिखने के ढंग में ही नहीं, पढ़ने के ढंग के कारण भी होता होगा। इसलिए यह कहा जा सकता है कि आपके उपन्यास से उस पूरे इलाक़े का भूगोल नया हो गया है।

वह इसलिए हुआ है कि उस सब को इन आँखों से देखा नहीं है। आज बीसवीं या इक्कीसवीं सदी में कितने लोगों ने यह कल्पना की होगी कि फ़िरोज़पुर से दिल्ली तक कै दिन में आना-जाना होता था, ऐसी कौन-सी जगहें होती होंगी जहाँ लोग ठहरते होंगे। कुछ मुझे पता था, मसलन मुझे रामपुर से ग़ालिब का सफ़र मालूम था, मीर का भी। दिल्ली से लखनऊ या भरतपुर के रास्ते कैसे-कैसे रहे होंगे या कि कैसे-कैसे थे। मुझे यह किसी हद तक मालूम था कि उस ज़माने में लोग कैसे यात्रा करते थे। मैंने इस उपन्यास में यात्रा को नयी आँख से देखा है। मसलन, जब शम्सुद्दीन अहमद निकलता है, दुनिया जानती थी कि उसे अँग्रेज़ों ने बुलाया है और वे उसे मरवा देंगे। वे तभी बाहर निकलकर उसका स्वागत करते हैं, अपने पास ठहराते हैं। मैं यह जानता था कि यह रास्ता है और ऐसे ही लोग उसे मिले होंगे। या जब वह पालम तक पहुँचता है, वह रास्ता वही था जिस पर हम भी पहले गये थे। जब हाईवे नहीं थी, मैं दिल्ली से जयपुर उसी रास्ते से कई बार गया हूँ। उन दिनों पालम का क़िला मेरे सामने पड़ता था। यह सोचना भी कठिन नहीं था कि जब कोई नवाब जैसा रईस वहाँ से गुज़र रहा है, उसके दस-बीस आदमी पहले ही आकर पालम का क़िला ठीक कर दें।

यह आज भी होता है ख़ासकर तब जब कोई अफ़सर जाता है।

राजीव गांधी ने अपने अधिकारियों को सर्कुलर जारी किया था कि जहाँ प्रधानमन्त्री पहुँचते हैं, वहाँ आप लोग विदेशी क्रीम और विदेशी आफ्टर शेव रखते हैं, मत रखा कीजिए, इतना पैसा आप लोग क्यों ख़र्च करते हैं।

वह मेरे पास भी आया था। उस ज़माने में बड़े आदमियों के यहाँ यह सामान्य व्यवहार था। हमारे बाप भी कैम्प के लिए दो सामान रखते थे। एक को अपने कर्मचारियों के साथ आगे भेज दिया कि वहाँ रुकना है तो वहाँ जाकर खेमा खड़ा करो। पीछे-पीछे वे ख़ुद चलते थे एक और कैंम्पिग का सामान लेकर। अगर मौसम ठीक रहा और वे वहाँ पहुँच जाते, वे अपना सामान नहीं खोलते थे, खुले हुए खेमे में ही रुक जाते। लेकिन अगर रास्ते में मौसम ख़राब हो गया या डाकुओं से वास्ता पड़ गया या कोई घटना घट गयी तो साथ लाये खेमे के सामान से खेमा लगा लेते। जब मेरी चार बरस की उमर थी, वे आज़मगढ़ आये। उनका दौरे लगाने का काम था। वे स्कूल जाया करते थे। उनके पास ऊँट था। उनका पूरा खेमा उस पर लदता था। एक आदमी या दो आदमियों का खेमा जिसमें राशन होता, पकाने के लिए लकड़ियाँ होतीं। वे इतने ईमानदार भी थे कि बाहर जाकर किसी के घर खाते-वाते नहीं थे इसलिए भी वे यह सब ले जाया करते थे।

यह सामान्य बात थी कि सफ़र सड़क पर किया जाता था, दिन में किया जाता था, अगर अचानक रात हो जाती थी, उसका कोई न कोई इन्तज़ाम किया जाता।

> आपके उपन्यास के अन्त में आता है कि वज़ीर ख़ानम लाल क़िला छोड़कर दाग़ आदि अपने बच्चों के साथ चली जाती है। आपने जब उपन्यास लिखना शुरू किया था, उपन्यास का क्या ऐसा ही अन्त आपके दिमाग़ में था या लिखते-लिखते ही यह अन्त उपन्यास में आ गया?

उपन्यास लिखने से पहले मेरे ज़हन में यह बात साफ़ थी कि यह उपन्यास न तो दाग़ के बारे में होने वाला है और न उनके वालिद के बारे में। मैंने वज़ीर ख़ानम के बारे में जो भी पढ़ा था, वह दूसरे दर्ज़े का साहित्य था, जिसमें बार-बार यह कहा गया था कि उस औरत का तो हर बच्चा शायर निकला मानो वह औरत न हुई गाय हो गयी जिसका हर बच्चा साण्ड हो गया। कहने की बात यह थी कि वह इतनी प्रतिभावान औरत थी कि जिस आदमी से भी उसके बच्चे हुए, शायर हुए। लेकिन मालिकराम साहब जैसे लोगों ने वही कुछ लिखा। ये सब पुराने ख़याल के लोग थे, और इन्होंने वज़ीर ख़ानम की यह छवि बनायी कि वह हरजाई और बदमाश क़िस्म की

औरत थी। ऐसे भी कोई भारतीय लड़की अपने लिए किसी का चुनाव करना चाहे या कर ले, वही बहुत बड़ी बात थी पर मुझे उसके चरित्र में चमक दिखायी दे गयी थी।

> आपकी पढ़ाई इतनी व्यापक रही है कि वज़ीर ख़ानम जैसा चरित्र आपको ही मिल सकता था पर तब भी मुझे यह जानने की उत्सुकता है कि आपको वज़ीर ख़ानम के विषय में पहले-पहल किस तरह जानकारी हुई थी?

मुझे यह पता था कि दाग़ साहब नवाब शम्सुद्दीन के बेटे थे और इनकी माँ वज़ीर ख़ानम थीं और वे बड़ी ख़ूबसूरत औरत थीं और वे उसके पहले एक अँग्रेज़ बहादुर के साथ रह चुकी थीं और अन्ततः वे मिर्ज़ा फ़ख़रू की बीवी बनकर लाल क़िले गयी थीं। ऐसा मोटा-मोटी विचार मुझे था।

> लेकिन तब तक उनकी चमक आपके दिमाग़ में नहीं आयी होगी। आपने इसके बाद ऐसा कुछ पढ़ा होगा जिसके यह विचार आपके मन में बना होगा?

उस समय मेरे दिमाग़ में कुछ भी नहीं था। सिर्फ़ दो बातें थीं। पहली यह कि ऐसी औरत साधारण नहीं हो सकती, वह निश्चय ही सबसे अलग रही होगी, हर दृष्टि से, चरित्र में भी, सूरत-शक्ल में भी, बौद्धिक सामर्थ्य में भी और उपलब्धियों में भी। मुझे यह पता था कि दाग़ पक्के काले थे और अगर उनकी अम्मा गोरी थी (या नहीं थी) तो यह काला रंग आया कहाँ से। इसके लिए मुझे थोड़ा-सा खटराग निकालना पड़ा। अगरचे शम्सुद्दीन गोरे थे, क्योंकि वे तुर्की थे पर वे ख़ुद काली औरत के बेटे थे। उसकी अम्मा मेवात के निचले तबके के मुसलमान परिवार की लड़की थी, मुद्दी। वह काली ही रही होगी। सवाल यह था कि मैं उस काले-गोरे को कैसे दिखाऊँ। ऐसी औरत कैसे बने, जो काली हो और ख़ूबसूरत हो। इस वजह से मैंने राजस्थान के चित्रकार का कश्मीर से सम्बन्ध जोड़ा। इससे दो फायदे हुए : एक यह कि जिस तरह की औरत मैं बनाना चाहता था, उसका प्रभामण्डल उसमें शक्ति तत्त्व भी होना चाहिए। वह तभी होगा जब मैं उसके पीछे एक समृद्ध वंशावली दिखाऊँ जिसमें कला व्यवहार भी

शामिल हो। उसका शुरुआती पुरखा चित्रकार है फिर उसका परदादा चित्रकला को भले न समझे, ख़ुद डिज़ाइनर है गलीचे का, उसके बेटे कवि और संगीतकार हैं। मैंने यह वंशावली इसलिए बनायी क्योंकि ऐसी वंशावली जिसमें ज़मीनें फ़र्क़ हों, ज़रूरी थी। उसमें एक ओर राजस्थान है, जहाँ के लोग भूरे या गहरे रंग के होते हैं और रेगिस्तान में रहते हैं, दूसरी ओर कश्मीर है जहाँ पानी बहता ही रहता है, हरियाली हर तरफ़ रहती है, बर्फ़ क्यूँ न गिरी हो और वहाँ के लोगों का गोरा रंग। इन दिनों को मिलाना ज़रूरी था, उसके बग़ैर वह विशेष प्रभामण्डल नहीं बनता, जिसमें शक्ति और सौन्दर्य दोनों हों इसलिए उस सबकी मैंने कल्पना कर ली। जो चित्रकार... थे, उनका अपने गाँव से पलायन मैंने सोच लिया। मैं यह जानता हूँ कि आधुनिकता से पहले के समय में राजकुमारियों की जो तस्वीरें बनायी जाती थीं, वे सभी काल्पनिक होती थीं। चित्रकार ने कभी भी उन्हें देखा नहीं होता था।

वे तस्वीरें ज़्यादातर प्रतिभाशास्त्र के अनुकूल बनायी जाती थीं।

हाँ, वे उसी तरह बनायी जाती थीं। वे कभी चित्रकार के लिए सामने बैठती नहीं थीं। इस तरह तस्वीर बनाने में यह बिल्कुल मुमकिन है कि कोई काल्पनिक चित्र बनाये और उसमें किसी ज़िन्दा लड़की की शक्ल आ जाये। ख़ासकर तब जब हमारी कलाओं में बनाने के ढंग और रूप का बहुत महत्त्व है। हाथ में कमल की कली का भी प्रतीकात्मक अर्थ है, बड़ी-बड़ी आँखों का भी, जैसी पारदर्शी ओढ़नी वह ओढ़े है उसका भी। ऐसी प्रतीकात्मक शैली और रूपवाद को मानते हुए अगर आप तस्वीर बनायेंगे तो वह कभी न कभी किसी लड़की की शक्ल से लड़ जायेगी। उपन्यास में भी यही होता है। चित्रकार ने जिस लड़की की तस्वीर बनायी है, उसे उसने कभी देखा नहीं था, लेकिन यह तथ्य कि तस्वीर वास्तविक ज़िन्दगी बन गयी और वास्तविक ज़िन्दगी तस्वीर बन गयी, यही चमत्कार प्रवास और मौत का कारण बनता है। उपन्यास में मैंने इस थीम का प्रवेश कराया कि कला और ज़िन्दगी का परस्पर विनिमेय है, कला जीवन बन सकती है, जीवन कला। जब ऐसा होता है, चमत्कार हो जाता है। इसी से एक दूसरी थीम निकलती है जिसकी ओर मेरी बेटी ने इशारा किया था कि इसमें सौन्दर्य का अन्वेषण नज़र आता है, जो कभी हाथ नहीं आता।

ख़ुद राधा जी बनी-ठनी हैं, उनकी तस्वीरें बनायी जाती हैं क्योंकि आप उन्हें पाना चाहते हैं, लेकिन वह हो नहीं सकता। इसी तरह वज़ीर ख़ानम को भी कोई कब्ज़े में नहीं कर पाता क्योंकि या तो वह मर जाता है, या जैसा कि उपन्यास के अन्त में होता है, वह क़िला छोड़ कर चली जाती है।

> एक अँग्रेज़ी के यहूदी आलोचक हैं, गेब्रियल जोजिपोविची, उन्होंने नाबाकोव के उपन्यास 'लोलिता' पर एक कमाल का लेख लिखा है। वे यह कह रहे हैं कि 'लोलिता' एक अनोखा उपन्यास है क्योंकि उपन्यास का नायक हम्बर्ट उस सौन्दर्य को काबू में लेना चाहता है, जिसे लिया ही नहीं जा सकता इसलिए वह एक के बाद दूसरी, दूसरी के बाद तीसरी लड़की की ओर भाग रहा है लेकिन वो एक ऐसी चीज़ को हासिल करना चाहता है, जिसे हासिल किया ही नहीं जा सकता। अगर इस रास्ते हम आपके उपन्यास में आयें तो यह कह रहे हैं कि सौन्दर्य को उसके स्वभाव के ही कारण हासिल नहीं किया जा सकता।

मेरी बिटिया ने वो बताया था। मैंने उससे कहा कि मैं तो यही सोचता था कि उपन्यास में कला और जीवन की अनोखी परस्पर विनिमेयता ही बतायी गयी है और कला मनुष्य को इसीलिए आकर्षित करती है कि उसमें जीवन का भ्रम होता है। इस पर वो बोली, वज़ीर ख़ानम को कोई भी पा नहीं सका, सब मरते चले गये या उन्हें कुछ और हो गया या उसके दूसरे चाहने वाले जैसे ज़ियाउद्दीन ख़ाँ, उसे ख़ुद वज़ीर ख़ानम बाहर निकाल देती है।

> फ़्रेज़र को भी?

हाँ, वह फ़्रेज़र को भी धता बता देती है। यानि या तो वो उसे अलग कर देगी या ज़िन्दगी उसे बाहर कर देगी। सौन्दर्य की अभीप्सा ज़िन्दगी का मक़सद ज़रूर है पर वह अप्राप्य है।

जब मैंने मख़सूसउल्लाह का प्रसंग ख़त्म किया, जहाँ वह बर्फ़ में जाकर अपनी जान दे देता है, मैं भी थोड़ी देर के लिए रुका था यह सोचने कि मैं क्या कर रहा हूँ पर मुझे ख़याल आया कि इसमें मैंने जो दुनियाभर के

खटराग पैदा किये हैं, मसलन बनी-ठनी, सौन्दर्य की अप्राप्यता का, जीवन और कला के तालमेल का, इसका कोई मतलब ज़रूर है। मुझे ख़याल आया कि जिस लड़की की यह पुरखा है, वह भी कुछ ऐसी ही बनेगी। उसमें जीवन भी होगा, कला भी होगी और वह अप्राप्य भी होगी। इसी के आसपास मैंने कुछ सोचा। मेरे दिमाग़ ने अन्जाने में ही बनी-ठनी का जो चित्र बनाया है और फिर उस चित्र को चित्रकार के पोते द्वारा पहचानना आदि करवाया था वह इसलिए था क्योंकि मैं शायद सौन्दर्य की अप्राप्यता का मिथक गढ़ रहा था और साथ ही कला और ज़िन्दगी की परस्पर विनिमेयता को इस तरह दिखा रहा हूँ कि इसके नतीजे इनमें से किसी एक के लिए भयानक भी हो सकते हैं। मुझे अपने एक दोस्त के ख़त में लिखे इस सवाल के कि तुम इतनी अच्छी दिल्ली बना रहे हो और यह तुम्हारे पाठक को कहाँ ले जाने वाली है, मैंने सोचा कि मैं एक समानान्तर दिल्ली बना रहा था। वह दिल्ली जो इतिहास में है और वह जो इस उपन्यास में है, उनमें कई समानताएँ है जैसे ख़ूबसूरती, पढ़ा-लिखापन, चेतना की सूफ़ी और भक्ति समझ, अक़्ल की ऊँचाई आदि लेकिन तब इतिहास की भी दिल्ली मर रही थी। उसी तरह उपन्यास में भी वज़ीर ख़ानम के पास सब कुछ है, नवाब शम्सुद्दीन के पास सब कुछ है पर फिर भी उनका पतन हो रहा है। मुझे ख़त का जवाब देते समय यह बात समझ में आ गयी कि मैं यह लिख रहा हूँ कि ऐतिहासिक दिल्ली और मेरे उपन्यास की दिल्ली अपने बावजूद ज़िन्दा नहीं रह पा रही है। यह जवाब देते हुए यह बात मेरे मन में खुल गयी कि मैं सिर्फ़ एक औरत के बारे में नहीं लिख रहा, जो बहुत रंगीन मिज़ाज, सक्रिय और दिलचस्प है बल्कि मैं दो दिल्लियाँ बना रहा हूँ। एक ऐतिहासिक जिसमें ये सब लोग हैं, जहाँ उनके सब काम होते हैं पर फिर भी कुछ नहीं होता और एक काल्पनिक दिल्ली, जिसमें वज़ीर ख़ानम, शम्सुद्दीन अहमद व और लोग हैं, जिनके साथ भी यह हो रहा है कि इनकी सारी चीज़ें हो जाती हैं पर तब भी कुछ नहीं होता।

इससे यही निकलता है कि उपन्यास का अन्त आपने सोचा नहीं था?

अरबी में यह कहा जाता है कि पैग़म्बर साहब की ख़ूबसूरतियाँ, उनके गुणों को बयान करते-करते क़लम सूख गयी : ज़फ़्फ़ल क़लम। मोमिन

ने इसका बड़ा अच्छा इस्तेमाल किया है। उन्होंने एक ग़ज़ल में लिखा है कि मैं तेरी बहुत तारीफ़ करता लेकिन मैं क्या करूँ, 'ज़फ़्फल क़लम' हो ही चुका है। मेरा भी इसी तरह उपन्यास के आख़िर में 'ज़फ़्फल क़लम' हो गया। जैसे ही मैंने वज़ीर ख़ानम को क़िले के बाहर निकाला, उसके दोनों लड़के अबू बक़र मिर्ज़ा और ख़ुर्शीद मिर्ज़ा दोनों तरफ़ पैसे फेंक रहे हैं और वज़ीर ख़ानम को कुछ नज़र नहीं आ रहा। मैंने सोचा : बेटा बस, इसके आगे मत लिखो।

> आपने उपन्यास के अध्यायों का बहुत दिलचस्प विभाजन किया है। आपके उपन्यास में होता यह है कि जब आप कहानी में एक जगह पहुँचते हैं और किसी चरित्र का ज़िक्र आता है, मानिये यूसुफ़ खान का ज़िक्र आया, आप कहानी को वहाँ रोक देते हैं और यूसुफ़ खान पर एक स्वतन्त्र बढ़त करते हैं जैसे संगीत में की विशेष स्वरों की की जाती है और फिर उसे कहानी से जोड़ देते हैं, इसे संस्कृत में क्षेपक कहते हैं।

यह हम नहीं जानते थे।

> क्षेपक का मोटा-माटी आशय उस आख्यान से है जो मुख्य आख्यान से अलग होता है, जैसे महाभारत में नल-दमयन्ती के आख्यान का महाभारत के मुख्य आख्यान से बहुत लेना-देना नहीं है, उसमें सिर्फ़ इतना होता है कि युधिष्ठिर अपने निर्वासन का दुःख मना रहे होते हैं तो उनसे एक ऋषि कहते हैं कि तुम्हारी ज़िन्दगी का दुःख कुछ नहीं है, यह जानने तुम नल-दमयन्ती की कथा सुनो। इसी तरह आपके उपन्यास में मुझे यह लगा कि इस तरह के क्षेपकों का दख़ल शायद आपने 'दास्तानगोई' से लिया होगा?

मैं यह नहीं कह सकता कि इसे मैंने पूरी तरह कहाँ से लिया है। मैंने वहाँ से जो लिया है, वह यह है : भाषा का विस्तार, प्रेम और रोज़मर्रा के जीवन में दरबारी ज़ुबान का इस्तेमाल, आख्यान में ज़्यादा से ज़्यादा शायरी का इस्तेमाल। दास्तान में बहुत-सी शायरी ग़ैर-ज़रूरी है, उसे गाने-वाने के लिए डाल दिया गया है पर बहुत सारी शायरी प्रासंगिक भी है, जो कहानी

को आगे बढ़ाती है या उसे अलंकृत करती है, मैंने यही किया है। मसलन, कई बार अपनी बात को समझाने बड़ा-सा व्याख्यान देने की बजाय वज़ीर ख़ानम दो-चार मिसरे पढ़ देती है, ज़ियाउद्दीन ख़ाँ के सामने। यह मैंने दास्तान से सीखा। लेकिन जो तुम कह रहे हो, मुझे पता नहीं था कि मैं ऐसा कुछ कर रहा हूँ पर मैं यह जानता था कि मैं जो कर रहा हूँ, वह यह है कि फ़ारसी और उर्दू कविता की कुछ ऐसी लाइनें, जो अपने भीतर होने का समूचा ब्रह्माण्ड रखती हैं, वे किसी भी चरित्र की आने वाली ज़िन्दगी का निचोड़ रख सकती थीं, उन्हें उपन्यास में लिख दिया। मसलन, जब नवाब शम्सुद्दीन अहमद फ्रेज़र से मिलने आता है, मैंने फ़ारसी के १६वीं सदी के शायर की एक पँक्ति लिखी है : मारा गरी बादिया बाराँ गिरफ़्ता अस्त। (हम खुले में फँस गये और बारिश ने हमें पकड़ लिया) गोया इस तरह मैंने शम्सुद्दीन की आने वाली स्थिति का निचोड़ वहाँ रख दिया। जैसे एक जगह शम्सुद्दीन वज़ीर ख़ानम को खाना खिलाता है, तो वह एक शे'र कहता है कि तुझको तो आँखों से आदमी खा सकता है, इसके आगे और कहने की ज़रूरत ही क्या है। उनके रिश्तों की सारी बात इसमें आ गयी है।

> इस पंक्ति के रास्ते शृंगार का भाव भी लक्षित हो जाता है। इस तरह खाना सिर्फ़ खाना नहीं बचा कुछ और भी हो गया। यह आप अक्सर करते हैं कि जिस चीज़ का आप उपन्यास में वर्णन कर रहे हैं, उसमें कहीं कोई शे'र लाकर वर्णन के इशारे को गहरा भी देते हैं और बदल भी देते हैं।

दास्तानगोई में इशारों का इस तरह का बारीक इस्तेमाल नहीं मिलता। यह सच है कि दास्तानगोई वाले लोग भी बेहद पढ़े-लिखे थे लेकिन वे पाँच-सात सौ या उससे भी अधिक श्रोताओं के सामने सुनाया करते थे इसलिए शायरी का ऐसा बारीक इस्तेमाल न उनके लिए सम्भव था, न ज़रूरी। मसलन, शुरू में वे पन्द्रह-बीस पंक्तियाँ साक़ीनामा की तरह लिखेंगे, लाओ साकी शराब पीयें, मौसम अच्छा आ रहा है, अब मैं फलाँ कहानी सुनाने जा रहा हूँ फिर उस कहानी के ऐतबार से कुछ पंक्तियाँ पढ़ेंगे जिनमें युद्ध की कुछ छवियाँ होंगी, इस तरह दास्तान की भूमिका बन जाती थी। इस सबका मूल कहानी से सिर्फ़ इतना ताल्लुक होता है कि वह उसके लिए एक तरह का परिवेश बना देती है और अन्दर भी शायरी इसी तरह

आती है, लेकिन मेरे उपन्यास में शायरी का जिस सृजनात्मक ढंग से इस्तेमाल हुआ है, किन्हीं परिस्थितियों पर टिप्पणी करने के लिए और ऐसी स्थितियों को साफ़ करने के लिए जिन्हें मुझे सीधे-सीधे नहीं कहना है, दास्तान में नहीं हुआ है। जैसे मैंने शमसुद्दीन और वज़ीर ख़ानम के मिलने के आख़िर में एक शे'र लगाया है जिसके मानी है, दिल को तू काँटों से पाक कर दे, तेरा माशूक़ आ रहा है, उसके पैर नंगे हैं। यह कविता उस सबको ध्वनित करती है, जो उन्होंने रातभर किया होगा, जिसका ज़िक्र मैंने नहीं किया है, सिर्फ़ एकाध जगह ज़रा-सा इशारा भर कर देता हूँ, उसके शरीर का वर्णन ज़रूर करता हूँ, जब वो ग़ुसलख़ाने में है, इतना ध्वनित करके छोड़ देता हूँ, इसके आगे कुछ कहना नहीं है। यह सब मैंने जान-बूझकर किया। मैं समझता हूँ कि कविता का और ख़ासकर फ़ारसी कविता का, जितना सृजनात्मक और कारगर इस्तेमाल मैंने किया है, शायद किसी और ने नहीं किया है।

आपने जिस तरह पोशाकों का वर्णन किया है, वैसा वर्णन मैंने किसी और उपन्यास में नहीं पढ़ा, अलबत्ता जेम्स ज्वायस ने अपनी कहानी 'द डेड' में जिस तरह खाने से भरी मेज़ का वर्णन किया है, उसकी मुझे याद हो आयी!

उसकी एक तो बिल्कुल सीधी वजह यह है कि लोग अब यह नहीं जानते हैं कि कौन पोशाकें किन अवसरों के लिए तैयार की जाती थीं इसलिए मुझे लगा कि मैं उनकी दोबारा चर्चा करूँ। मैंने इन्हें कविताओं से, दास्तानों से जाना। रेख़्ती में कपड़ों और रहन-सहन का बहुत ज़िक्र मिलता है। रेख़्ती लड़कियों की ज़ुबान में लिखी कविताएँ हुआ करती थीं। लड़कियों के लिए मुख्य आकर्षण की चीज़ें ये हुआ करती थीं। उनके यहाँ कपड़ों के नाम, उनके गुण आदि बहुत कुछ मिल जाता है। मसनवी में इस तरह का बहुत सारा वर्णन मिल जाता है, पर सब कुछ बिखरा हुआ है, इस उपन्यास में मैंने उसे जमा कर दिया। यहाँ भी मुझे लगा कि इस सबका वर्णन करना चाहिए, मैंने ज़रूर किया। जैसे जब वज़ीर ख़ानम शम्सुद्दीन से पहली बार मिलने जाती है, मैंने उसकी पोशाक का जो वर्णन किया है, वह एक चित्र पर आधारित है, जो तुर्की का है, जो शायद किसी वास्तविक स्त्री का होगा। मैंने उसे बड़ी हद तक ले लिया। कपड़ों की मैंने कल्पना

कर ली, कि ये कपड़े रहे होंगे, कि वे पारदर्शी हैं, उन पर फूल बने हैं आदि। ज़ाहिर है चित्र में यह पता नहीं चल रहा कि कपड़ा कौन-सा है तो मैंने कपड़े का नाम लगा दिया कि ये कपड़ा है। कुछ यह भी था कि दिल्ली का बहुत-सा ज्ञान मेरे दिमाग़ में किताबें पढ़ने के कारण यूँ ही पड़ा हुआ था। इन वर्णनों को करने के पीछे मुख्य उद्देश्य यह था कि उन्हें मरे हुए पन्नों से, जिन्हें कोई नहीं पढ़ता, वापस लाया जाय।

दूसरा मुझे ए. एस. बायट की यह बात बहुत अच्छी लगी कि उपन्यास वर्णनों में ही होता है। जब तक यह बताया नहीं जाय कि चरित्र कैसे बैठा हुआ है, बैठे हुए उसका बदन कैसा लग रहा है, पैर उसके ज़ानू के नीचे मुड़ा हुआ है या नहीं, वह कितना झलक रहा है, जब तक ये सारे ऐन्द्रिक वर्णन न किये जायँ, आप उस दृश्य को देख नहीं सकते। इस तरह मैंने इन वर्णनों के सहारे उपन्यास को देखने के लायक बनाया।

> आपकी बनायी दिल्ली में लोगों के मनोरंजन का साधन केवल शायरी नज़र आता है, लोग शायरी सुनते-सुनाते हैं, लेकिन ऐसा लगता है कि वहाँ मनोरंजन का कोई और साधन नहीं है, कम अज़ कम वह आपके उपन्यास में नज़र नहीं आता।

मनोरंजन के दूसरे साधन भी थे पर मैंने उन्हें ज़्यादा जगह नहीं दी है क्योंकि मैं भटकना नहीं चाहता था। मैं ख़ासकर दिल्ली की साहित्यिक संस्कृति को सामने ला रहा था। पर कुछ जगह मैंने ऐसे ज़िक्र किये हैं, मसलन, जब वह वज़ीर ख़ानम से शादी का प्रयास कर रहा है, उस वक़्त उपन्यास में बीनकार और उसके साथी आते हैं। वे सारे ऐतिहासिक रूप से वास्तविक लोग हैं, उनके नाम इतिहास में मौजूद हैं। सैय्यद अहमद ख़ाँ ने वे नाम अपनी किताब में दिये हैं। जिन चित्रकारों के नाम मैंने लिखे हैं, वे भी वास्तविक हैं यानि जब ज़रूरत हुई, मैंने उनका इस्तेमाल किया लेकिन ज़्यादा नहीं क्योंकि मैं इन पर ज़्यादा ज़ोर नहीं देना चाहता था। मैं उन्हें वहाँ रखना चाहता था, जहाँ उन्हें होना चाहिए था क्योंकि मेरा ख़ास ध्यान लोगों की साहित्यिक और प्रेम की संस्कृति पर था। एक बात यह भी है कि जिन चीज़ों के बारे में मैं कम जानता हूँ जैसे कथक नृत्य, उसमें मैं क्यूँ हाथ डालता। संगीत के थोड़े-बहुत सिद्धान्त मैं जानता हूँ। मेरे कान तेज़ नहीं हैं पर मैंने थोड़ा-बहुत संगीत सुना है, मुझे उसे सुनने में मज़ा

आता है। लड़कपन में ग़ज़ल-वज़ल सुना करता था। जब बड़ा हुआ और ग्रामोफ़ोन की घर में घुसने की हिम्मत होने लगी, तब उस ज़माने का फ़िल्मी संगीत सुनने लगा, 'शामे ग़म की कसम' जैसी चीज़ें। पच्चीस साल की उम्र में मुझे लगा कि यह सब मुझसे सुना नहीं जा रहा है और जो लोग रेडियो पर आयें-बायें-शायें सुनाया करते हैं, बढ़िया लग रहा है। मुझे यह नहीं पता चलता कि राग कौन-सा है, यमन है या श्याम कल्याण, भैरवी है या कुछ और लेकिन मुझे ये बहुत अच्छे लगने लगे और लग रहे हैं। ग़ज़ल गाने वाले जैसे तलत महमूद साहब या मेंहदी हसन एक स्तर के बाद मेरे लिए असहनीय हो गये। बेग़म अख़्तर को सुनने में मज़ा आता है। लेकिन जो लोग ग़ज़ल के नाम पर फ़िल्मी गाना या क़व्वाली गाते हैं, उन्हें मैं नहीं सह सकता। मेरे मानसिक धरातल में कहीं कोई विकास हुआ तो मैं शास्त्रीय संगीत सुनने लगा और मैंने ध्यान देना शुरू कर दिया कि यह क्या है, उससे जुड़ी कुछ किताबें भी देखीं। मैंने कुछ ७८ आर. पी. एम. और उसके बाद के रिकाड्र्स भी इकट्ठा किये, उन्हें सुनते हुए यह समझने की कोशिश की कि राग देश भैरवी से कैसे अलग लग रहा है।

उस समय की दिल्ली में नाटक नहीं था?

नाटक नहीं था पर नाच बहुत था, मसलन कथक बहुत था। लेकिन मुझे उसके बारे में मालूम कुछ नहीं था और जिनको मैंने पढ़ा था, उन्होंने उसका कोई ख़ास ज़िक्र नहीं किया। मसलन, किसी ने लिखा मियां हींगा नाचते बहुत अच्छा हैं पर मियां हींगा क्या नाचते हैं, यह नहीं लिखा। इसलिए भी मुझे नाच का बहुत मालूम नहीं चल सका इसलिए उस ओर मैंने दण्डवत किया। इन्तज़ार हुसैन साहब ने शिकायत की थी कि इस उपन्यास में खाने का ज़िक्र बहुत कम है। वे बोले, तुम इतना लिखते हो पर खाने का ज़िक्र नहीं करते। वहाँ यह है कि दास्तान में खानों का ज़िक्र भरा पड़ा है, तुम जेम्स ज्वायस का ज़िक्र कर रहे थे, मेरा ख्याल है उसने भी ऐसा ही कोई आख्यान सुना होगा। आख्यानगोई का एक बड़ा आयाम सूचियाँ बनाना होता है। खाने की सूची बनेगी तो वह खाना भले ही खाया न जाय पर कहा यह जायेगा कि दस्तरख़्वान पर सत्ताईस तरह की रोटियाँ हैं, बारह तरह की दालें हैं, पन्द्रह तरह के चावल हैं वग़ैरह। दास्तानों में हथियारों और खानों

की सूचियाँ बहुत महत्त्व की होती हैं। अलिफ़-बे दास्तान नहीं है पर पिछले सौ बरसों से उसी नाम से कक्षाओं में पढ़ायी जा रही है। अगर किसी ने इसे थोड़ा-बहुत भी पढ़ा होगा, उसे मालूम ही होगा कि खाने कितनी तरह के होते हैं। लाल क़िले की ज़िन्दगी के बारे में ऐसी बहुत-सी किताबें भी आ गयी हैं जिनमें यह ज़िक्र मिलता है कि मसलन बहादुर शाह ज़फर के दस्तरख़्वान पर क्या था, जो चीज़ें आमतौर पर जानी-मानी हैं, उन्हें लिखना ज़रूरी नहीं लगा। मैं या तो सूची बनाता, क्योंकि मैंने वो सब खाने देखे तो हैं नहीं। पुराने ज़माने की एकाध किताब है, ख़ासकर शाहजहाँ के वक़्त की, वह फ़ारसी में है, जिसे मद्रास विश्वविद्यालय ने छापा था। उसमें खाना बनाने के जो अवयव दिये हैं, मैं उनका नाम ही नहीं जानता, मैं उन्हें कैसे लिखता। वे सारे देसी मसाले हैं पर उनके नाम फ़ारसी में लिखे हैं, जिन्हें मेरा तो सवाल नहीं मेरी बीबी भी नहीं जानती थी। जिन खानों के बारे में मेरी ऊपरी जानकारी है, जिन्हें मैंने खाया नहीं, उनके बारे में कैसे लिख देता।

उनका कोई विशेष प्रयोजन आपके आख्यान में भी नहीं दिखता।

हाँ, वहाँ नहीं है। उनकी सिर्फ़ सूचियाँ बना सकता था। मैं दास्तानगोई पर जो किताबें लिख रहा हूँ, वो पूरी तो शायद नहीं होंगी, उनमें मैं यह बता रहा हूँ कि मौखिक आख्यान में कौन-कौन-सी कलाओं की चर्चा होती है। बल्कि मैंने यह भी चर्चा की है कि जॉन ग्रेशम या इसी तरह के किसी आदमी के उपन्यास में मुख्य चरित्र एक नीग्रो स्त्री के यहाँ मिलने के लिए जाता है, उसे खाने का बहुत शौक़ है तो उपन्यास में लम्बी सूची व्यंजनों की दी गयी है। मैंने कहा कि सूची बनाने की यह प्रथा अब कई जगह कहानियों-उपन्यासों में फैल गयी है। लेकिन मैंने यह सब इसलिए नहीं लिखा क्योंकि उसकी मेरे उपन्यास में ज़रूरत नहीं थी। मैंने उपन्यास में बहादुर शाह ज़फर के खाने का ज़िक्र किया है। वे कैसे खाते हैं, उनका दस्तरख़्वान कैसे बिछता है, उनके मुँह में निवाला कोई और डालता है, रूमाल से मुँह कोई और पोंछता है। जब वे खा लेते हैं तो कमरे के बाहर कोई और उनकी खिदमत करता है। ये चीज़ें उपन्यास के लिए ज़रूरी थीं, इनका सांस्कृतिक और ऐतिहासिक महत्त्व है लेकिन वह खाना था क्या, उसमें कितनी तरह की रोटियाँ थीं, यह कई जगह लिखा मिल जायेगा, उसे

उपन्यास में लिखने की क्या ज़रूरत। मैं यह केवल तब करता जब मैं अपने उपन्यास को ज्ञान प्रदर्शन का माध्यम बनाता। कपड़े के बारे में लिखना ज्ञान प्रदर्शन नहीं है क्योंकि वह बदन से चिपका होता है। मीर ने क्या बढ़िया शे'र कहा है :

उसके सोने से बदन से किस कदर चस्पाँ है हाय
जामा किबरीती किसु का दिल जलाता है बहुत

किबरीत का अर्थ होता है गन्धक। वह पीला भी होता है और जलता भी है। सोने का रंग भी पीला होता है इसलिए कपड़े पर सोने के काम को किबरीती कहा जाता है। और हमारे यहाँ चमड़ी के रंग को गोरा कहने की जगह सुनहला कहने का रिवाज़ है। इन लोगों को यह पता था कि इन सब चीज़ों का क्या शृंगारिक या सौन्दर्य मूल्य है। हम क्या जानें और हमारे लोग क्या जानें। इसलिए मेरा तरह-तरह के कपड़ों के बारे में बताना ज़रूरी था और यह भी कि वे क्या-क्या भाव उद्दीप्त करते हैं। मीर एक जगह कहता है :

वै कपड़े तो बदले हुए मीर उसे कई दिन
तन पर है शिकन तंगीए पोशाक से अब तक

क्या आपने संस्कृत या दूसरी भारतीय भाषाओं के पुराने साहित्य को भी पढ़ा है?

पढ़ा है, थोड़ा-बहुत।

संस्कृत के साहित्य सिद्धान्त पर तो आपकी पकड़ अच्छी है।

अच्छी तो नहीं है, थोड़ी ज़रूर है। मैं जानता था कि उसको जाने बग़ैर मुझे उर्दू के साहित्यिक सिद्धान्त पल्ले नहीं पड़ेंगे। मुझे यह पता होना चाहिए था कि हमारे दोनों तरफ़ के पुरखों ने क्या कहा है। माँ वाले पुरखे ने भी और बाप वाले पुरखे ने भी। संस्कृत की व्याकरण मैंने बहुत पढ़ी है। नाटक और कविताएँ भी। संस्कृत की कविताएँ मैंने बहुत पढ़ी हैं।

इस उपन्यास को पढ़कर यह तो समझ आता है कि साहित्यिक संस्कृति का कितना पतन हुआ है!

मैं यह कहता हूँ कि बीच में टूटन हो गयी। पतन कितना ही हो पर तब भी उसमें कुछ न कुछ नज़र तो आता ही है। जैसे कहावत है कि हाथी लाख लटेगा पर फिर भी सवा लाख का होगा। हमने गोरखपुर, बनारस, लखनऊ के हिन्दुओं और मुसलमानों के पुराने घरों में अपने लड़कपन में उस बीत गयी ज़िन्दगी की कुछ झलकियाँ देखी हैं। जैसे स्त्रियों का क्या स्थान है, मर्द कैसे व्यवहार करते हैं, किस तरह के कपड़े पहनते हैं, आपस में किस तरह बात करते हैं, दोस्ती और दुश्मनियाँ। यह सत्तर साल पहले होता था लेकिन अब वो भी नज़र नहीं आता, हालाँकि तब भी जो था, उसमें भी पुरानी तरह की ज़िन्दगी बहुत कम थी। अँग्रेज़ी पढ़ने की वजह से जहाँ हज़ारों फ़ायदे हम लोगों को हुए, वहाँ यह नुक़्सान बहुत बड़ा हुआ कि अँग्रेज़ी की समझ इन पुरानी चीज़ों को नहीं पकड़ सकी। मैक्समूलर या विलियम जोन्स कितने ही संवेदनशील क्यूँ न हो जायँ, उनकी समझ हमसे बहुत अलग है, वे यह सब नहीं पकड़ सकते थे। हम भी अँग्रेज़ी ज़िन्दगी को नहीं पकड़ सकते। जो कुछ भी बचा-खुचा विश्वविद्यालयों में पढ़ाया भी गया होगा, उससे कुछ निकला नहीं। सबसे बड़ा नुक़्सान अकादेमिक पाठ्यक्रमों से हुआ। लोगों ने उसे ही जान दे-देकर पढ़ा, आगे-पीछे कुछ नहीं देखा।

> पाठ्यक्रम बनाने वाले ने भारत के अतीत को जाने बग़ैर उसके भविष्य का नक़्शा बनाने की कोशिश की। उसकी कमी पुस्तकालय पूरी कर सकते थे पर हम लोगों ने सार्वजनिक पुस्तकालय बनाये नहीं?

अगर थोड़े-बहुत बनाये भी गये तो जिसको इम्तिहान पास करना है, वह वहाँ क्यूँ जायेगा, किसको इतना शौक़ है। उस्तादों के साथ यह था कि वे भले ही कम पढ़े-लिखे हों, उन्हें ज़रूरी चीज़ें सब मालूम होती थीं, कविता के बारे में, फ़लसफ़े के बारे में, ज़िन्दगी के बारे में। चाहे वह उतना गहरा न भी हो जितना किताब में मिलता। मामूली-सा उदाहरण है कि दाग़ अपने शागिर्दों के साथ ऐसा करते थे कि उन्हें एक मिसरा दिया और कहा : दूसरा लिखकर लाओ। वे ऐसा बीस-बीस बार भी करवा देते थे और पूछते थे कि बताओ इनमें क्या ख़राबी है। फिर वे हरेक को बताते थे कि इसमें ये कमी है, इसमें वो कमी है। किताब में वह भले न लिखा

हो पर वे समझा देंगे कि एक शे'र दूसरे से बेहतर क्यूँ है। शागिर्द ख़ुद-ब-ख़ुद समझ जाते थे कि कौन-सी चीज़ ज़ोरदार है।

इससे एक क़िस्म का विवेक पैदा हो जाता होगा!

अमीर मीनाई ने कुछ दिनों मुसहफ़ी की शागिर्दी की थी। उन्होंने मुसहफ़ी को एक ग़ज़ल सुनायी। उस्ताद ने एक काफ़िये की बड़ी तारीफ़ की : यह तुमने बड़ा अच्छा काफ़िया बाँधा है। काफ़िया ही शे'र का आधार होता है, उसके बग़ैर वह बनता नहीं है। अमीर मीनाई लड़कपन में थे, जोश में कह गये, और कोई बाँध के दिखा दे। मुसहफ़ी ने कहा, अच्छा। उन्होंने बैठे-बैठे कुछ देर बाद मिनाई को कहा, 'बारह मिसरे ये लो।' ये नहीं कि हर मिसरा शेक्सपियर या हाफ़िज़ के बराबर है लेकिन बात यह थी कि एक विचार को किसी सीमा के भीतर प्रकट करने जितनी मानसिक तैयारी और कल्पना में लोच पैदा हो जाती थी और तर्क को उस सीमा में अँटाने की तैयारी हो जाती थी, वह और किसी तरह से मुमकिन नहीं थी। हमारे समय में उर्दू इस तरह पढ़ाई जाती है कि उसमें वह बताते हैं कि उस्तादी वाली व्यवस्था बड़ी ख़राब थी, इसमें शागिर्द की मौलिकता मारी जाती है। बाद में हमने कहा कि भाई, हमारे यहाँ मौलिकता का विचार तो था ही नहीं। न संस्कृत में था, न अरबी, फ़ारसी में। बड़ी बात यह थी कि कविता हमारी ज़िन्दगी का अटूट हिस्सा थी। इसलिए ये सब चीज़ें मुमकिन थीं। उठते-बैठते शायरी हो रही है। अमीर मीनाई के एक उस्ताद असीर थे। उनसे आकर एक नाई कहने लगा, 'उस्ताद, आप सबको लिख-लिख कर शे'र दिया करते हैं, हमें दे दीजिये तो हम भी दीवान बना लेंगे अपना।' वे कहने लगे, 'भाई वक़्त नहीं है, देखो हर वक़्त लोग घेरे रहते हैं।' नाई बोला, 'उस्ताद, आपके लिए क्या है, आप जब चाहें लिख दें।' उस्ताद अमेठी के थे, वे बोले, 'अच्छा जब-जब मैं अमेठी जाऊँ, तुम मेरे साथ-साथ पालकी पर हो लिया करना।' नाई बोला, 'बहुत अच्छा सरकार।' नाई यह ख़बर रखता ही था कि उस्ताद कब जा रहे हैं। उस्ताद पालकी में बैठे और ये साथ-साथ चल दिया। उस्ताद बोले, 'लिख भाई लिख।' एक मंज़िल पर एक ग़ज़ल। दूसरी पर दूसरी। चार-पाँच यात्राओं में दीवान मुकम्मिल हो गया।

नाई की अपनी किताब तैयार हो गयी?

उस ज़माने में ये आम था। अब भी तुम देखो खुसरो के नाम से कितने शे'र मंसूब हैं, उनमें एकोई खुसरो का नहीं है। न क़व्वाली, न कुछ और। उस ज़माने तक ये चलन था कि शे'र अच्छा तो मैंने कहा पर मुझे कोई जानता नहीं। लोग उदयन को जानते हैं तो मैं कहूँगा कि सुनिये साहब उदयन वाजपेयी साहब ने यह शे'र कहा है तो शे'र मशहूर हो जायेगा। पहले वह शे'र फ़ैज़ाबाद गया वहाँ से सुल्तानपुर फिर इलाहाबाद-बनारस, तमाम जगह पहुँच गया। मेरा नाम न सही, मेरा शे'र तो चल रहा है। इसी का उल्टा तरीक़ा यह था कि उस्ताद से शे'र कहलवा लिया और कह दिया मेरा है। फिर कोई पूछेगा कि तुम किसके शागिर्द हो। उन्हीं उस्ताद का नाम बता दो।

आपके शायर होने को आपकी तारीफ़ माना जाता होगा?

आप किसके शागिर्द हैं, यह भी तारीफ़ मानी जाती थी। अगर आप असीर के या अमीर मीनाई के शागिर्द हैं तो यह माना जाता था कि आप किसी मसरफ़ के हैं। आप कूड़ा-करकट नहीं है। मैंने अपनी बेटियों को ख़ूब सिखाया कि कोई मौक़े पर कहे कि ग़ालिब की ग़ज़ल पढ़ो तो वे सुना सकती हैं। मैंने उन्हें नज़ीर अकबराबादी की जाने कितनी ग़ज़लें याद करायीं। इससे भाषा पर अधिकार आ जाता है। लय आ जाती है। यह समझ आ जाती है कि भाषा कैसे बोली या बनायी जाती है और फिर यह कि कविता तो आप पढ़ ही रहे हैं।

उसमें ज़िन्दगी अपने सुन्दर रूप में बैठी हुई है।

हमारे लड़कपन में यह आम बात थी। हमारे बाप ने अपने आत्मकथ्य में यह लिखा भी है। वैसे वे हमारे प्रति बहुत आलोचनात्मक थे क्योंकि मैं नमाज़ नहीं पढ़ता था। उनकी नज़र में मैं गुमराह किसम का आदमी था। उन्होंने मेरे लिए यह भी लिखा कि वे खिलन्दड़े थे, नमाज़ नहीं पढ़ते थे लेकिन दिमाग़ तेज़ था, वे शे'र बहुत याद कर लेते हैं। मैं सातवीं में रहा होऊँगा तब नींद के बारे में एक नज़्म थी। उसमें चवालीस शे'र थे। हमारे

मौलवी साहब ने कहा कि सब लोग हर दिन दो-दो शे'र याद करके आना। इस तरह बाइस दिन थे सबको पूरी नज़्म याद हो जायेगी। अगले दिन हमारा नम्बर आया, हम चुप बैठे रहे, शे'र याद नहीं किये थे। दूसरे दिन भी यही हुआ। इस तरह पूरे बीस दिन निकल गये डाँट भी पड़ती रही। इक्कीसवें दिन मैंने बयालिस शे'र सुना दिये। बाक़ी के दो शे'र मैंने कभी याद नहीं किये। ये हमारे बाप ने लिखा है।

ये क्या कोई रिवायत है कि लोग अपनी छोटी-छोटी आत्मकथाएँ लिखे ?

हिन्दुओं में भी ज़रूर होगी। मुझे बहुत नहीं पता पर कुछ पुरानी डायरियाँ मेरे पास हैं, १८६०-७० की, जिनमें उर्दू और फ़ारसी की बहुत सारी शायरी लिखी है, जिसे हम लोग कवित्त कहते थे। उसमें अवध की कविताएँ होती थीं। अवध की यह रिवायत थी कि अपने बच्चों के लिए ऐसा कुछ छोड़ जाओ, यह बताने कि मैंने ज़िन्दगी में क्या खोया क्या पाया। हमारे बाप जल्दी ही मर गये, बासठ साल की उम्र में। उन्होंने अपने बच्चों को आगे बढ़ते हुए नहीं देखा। सिर्फ़ मैं नौकरी में आया था। मेरे दो भाई पी. सी. एस. हो गये थे। उनके मरने के दो-तीन साल बाद तक मैंने बड़ी नमाज़ पढ़ी और यह अजीब बात है क्योंकि मुझे नहीं लगता था कि मैं उनसे इतना स्नेह करता हूँ क्योंकि वे बहुत सख़्त थे। वे उस रिवायत के थे, जहाँ बच्चों को गोद में उठाना या उनसे हँसकर बोलना था ही नहीं। पर जब वे मरे मुझे लगा, यह बहुत बड़ा हादसा हो गया। मैं बहुत रोया। अब भी ४०-४२ बरस बाद भी उन्हें बहुत याद करता हूँ। उसमें बहुत सी तल्ख़ यादें भी हैं। सज़ा देने की यादें भी जो वो मुझे दिया करते थे। इसके बाद भी मुझे यह लगता है कि कोई चीज़ होती है बाप, जो अब नहीं है। उन्होंने मेरे बारे में यह जो लिखा कि ख़ुदा इसको तौफ़ीक़ दे कि यह नमाज़ नहीं पढ़ता, इसका मुझ पर कुछ ऐसा असर हुआ कि उनके जाने के ढाई-तीन साल तक मैंने बहुत नमाज़ पढ़ी। चाहे मैं दफ़्तर में रहा होऊँ या बैठक में या कहीं और। कई बार मैं बैठक से बाहर आकर या गाड़ी रोककर सड़क किनारे नमाज़ पढ़ता था। वह आहिस्ता-आहिस्ता छूट गयी। उसके बाद अपनी बदमाशी बढ़ती गयी। क्या करें भाई!

आप जो नया उपन्यास लिख रहे हैं, क्या वह भी आपकी कहानियों की तरह ही किसी शायर के इर्द-गिर्द बुना जा रहा है?

उसका एक अध्याय लिखा है, जिसमें गोमती नदी है, थोड़ा-बहुत हाल बयान करती है कि मैं कहाँ से निकली हूँ, राह में जो नैमिषारण्य पड़ता है, वह क्या है, वहाँ लोग क्यूँ जाते हैं। लखनऊ क्यूँ आते हैं। कौन-कौन से शायर यहाँ आये। आसिफ़उद्दौला ने यहाँ क्या बनवाया। यह सब वह नदी उमर शेख मिर्ज़ा को सुना रही है। वह उससे कहती है कि यहाँ क्या घूमते फिर रहे हो, कुछ मालूम भी है कि तुम यहाँ क्या कर रहे हो। वह इसका जवाब देता है, तो वह उस पर यह जताती है कि वह और कहाँ-कहाँ गयी है मसलन जौनपुर। फिर वह जौनपुर के शायरों और सूफ़ियों का ज़िक्र करती है।

क्या इस उपन्यास का समय भी १८वीं शताब्दी ही है?

१८वीं ज़्यादा पर १९वीं भी। यह पहला अध्याय हो गया है, अब मुझे कहानी का बीज रखना है। वह है छोटा-सा पर रौंगटे खड़े कर देने वाला है। दो जवान शायर हैं, जो जुर्अत के शागिर्द हैं। जुर्अत दिल्ली से लखनऊ गये बड़े शायर थे। घटना १७७० और १७८० के आसपास की है। दोनों जवान शायरों का ज़ुबान के किसी मसले पर झगड़ा हो जाता है। एक कहता है ये मामला ऐसा है, दूसरा कहता है ऐसा नहीं ऐसा है। जब झगड़ा बढ़ता है, वे कहते हैं कि बाहर चलकर देख लेते हैं। वे गोमती के किनारे जाते हैं और तलवार निकाल लेते हैं। एक तलवार वो है जो 'शतरंज के खिलाड़ी' में प्रेमचन्द ने निकलवायी है, हमारी संस्कृति को बदनाम करने। जो वाक़या प्रेमचन्द ने कहा वह ज़ाहिर है, नामुमकिन और झूठा है।

उस कहानी में एक त्रुटि और है कि जो आदमी प्रेम या विरह की कविताएँ लिख रहा है, वह ग़लती पर किस तरह है, इसमें हरज क्या है? प्रेमचन्द जी की कला के प्रयोजन की समझ अत्यन्त संकीर्ण थी, वही मोटे रूप में आज भी चली आ रही है।

सारा झूठ बोल रहे हैं कि बादशाह को फ़ौज ले गयी जबकि न फ़ौज आयी न वौज। बादशाह ने ख़ुद ही कहा कि हम जाते हैं, हम लड़ाई नहीं करेंगे वर्ना हमारे आदमी मरेंगे। इस तरह उन्होंने यह कहानी लिखकर पूरे लखनऊ

को लांछित किया। बहरहाल, वो तो क़िस्सा है, पर जिन तलवारों का मैं ज़िक्र कर रहा हूँ, वह वास्तविक ज़िन्दगी है। दोनों शायर एक-दूसरे को मारने पर आमादा हैं। एक को दूसरे ने इतना ज़ख़्मी कर दिया कि वह बड़ी मुश्किल से किसी चीज़ पर लदकर घर आया। लोग उससे हज़ार मर्तबा पूछते रहे कि उसे किसने मारा, क्यूँ मारा, वह चुप रहा और मर गया। जब यह बात मारने वाले को पता लगी, उसने इस डर से शहर छोड़ दिया कि लोग मुझे पकड़ लेंगे। वह दिल्ली चला जाता है। दिल्ली में 'दर्द' का आख़िरी ज़माना चल रहा है। दर्द की मौत १७८५ में हुई थी। यह भागा हुआ शायर दर्द की महफ़िलों में उठने-बैठने लगता है। वहाँ अपनी शायरी सुनाता है, कुछ सीखता भी है। ३-४ साल बाद यह सोचकर कि लोग अब भूल-भाल गये होंगे, वह लौटता है। जैसे ही वह शहर में दाख़िल होता है, लोगों को मालूम हो जाता है कि वह आ गया है। उसने जिसकी हत्या की थी, उसके घरवाले इसको मार देते हैं। इसको उपन्यास में लाना है कि लोग शतरंज के खिलाड़ियों की तरह नहीं शब्दों की ख़ातिर एक-दूसरे को मार देते हैं। और लोगों में एका भी है कि मरने वाला यह बताता नहीं है कि उसे किसने ज़ख़्मी किया है। उसके घरवालों को भी अपने आदमी से इतना लगाव है कि वे चार-पाँच साल बाद भी उसके क़ातिल को ढूँढ़कर उसे मार देते हैं।

इस क़िस्से में उनके उस्ताद का कोई हस्तक्षेप नहीं है?

बिल्कुल नहीं। तब तक वे अन्धे हो चुके थे। उस्ताद बड़े बाग़ो-बहार आदमी थे, लोगों से मिलते, बैठते-उठते, हँसते-बोलते थे। वे जवान शायर उस्ताद के यहाँ सिर्फ़ बैठते-उठते थे, शे'र सुनाने जाते थे, लोग सुनते थे, उस्ताद इस्लाह देते थे। झगड़े पर किसी ने विस्तार से नहीं लिखा, इतना भर मिलता है कि किसी लफ़्ज़ पर झगड़ा हुआ था।

उन सब स्थितियों की आप कल्पना कर लेंगे...

वो तो ज़ाहिर बात है। मैं उसकी विस्तार से कल्पना कर लूँगा।

ऐसे कई लेखक हैं जिन्होंने पुराने चरित्रों को दोबारा स्थापित किया, उनका पुनर्कथन किया, उन पर नयी रोशनी डाली। मसलन,

इतालवी लेखक उम्बर्टो इको थे। वे भी आपकी ही तरह जीवन भर साहित्यिक सिद्धान्तों पर काम करते रहे और क़रीब साठ साल की उम्र में उन्होंने भी आपकी तरह ही एक ऐसा उपन्यास लिखा जिसमें पुरानी घटनाओं का पुनर्वास था।

हमारा और उनका कोई मुक़ाबला नहीं भाई। वे बहुत बड़े आदमी थे। लेकिन यहाँ एक तरह का सतही साम्य है।

गल्प और इतिहास या अध्येतावृत्ति के संयोग से इन दिनों दुनिया भर में कई उपन्यास लिखे जा रहे हैं।

कोई लहर होगी ज़रूर, ऐसा हो सकता है। मैंने भी उसे पकड़ा होगा अनजाने ही। मैंने कहीं लिखा भी है कि किसी युग की आत्मा ऐसी ही कुछ होती होगी। हमारे एक दोस्त थे आदिल मंसूरी। वे गुजराती के अच्छे शायर थे, उर्दू के भी। वे अँग्रेज़ी बहुत कम जानते थे। मामूली आदमी थे, हाईस्कूल भी नहीं पढ़े थे। उन्होंने ऐसी कई नज़्में लिखीं, जो अतियथार्थवादी (सुर्रियलिस्टिक) जान पड़ती हैं। उन्होंने इस सबका नाम भी नहीं सुना। आन्द्रे ब्रेताँ किस जानवर का नाम है, वे न जानते होंगे। उस वक़्त मैंने कहा था कि आदिल मंसूरी की मिसाल सामने है, वे अँग्रेज़ी एक लफ़्ज़ नहीं पढ़े हैं, उर्दू उनकी दूसरी ज़ुबान है लेकिन उर्दू में सही असर पैदा कर रहे हैं। ऐसी कविताएँ लिख रहे हैं जो अतियथार्थवादी मालूम देती हैं। यह कैसे हुआ होगा। ऐसी कोई न कोई चीज़ होगी, जो पचास या साठ के दशक में, दूसरे विश्वयुद्ध के बाद इन्सान के आध्यात्मिक जीवन में अभाव और पतन और रास्ता खोने, राजनीति और विज्ञान से धोखा खाने के कारण दुनियाभर में फैली होगी। अगर इसके कारण हम लोगों में अतियथार्थवाद नज़र आता है तो क्या ग़लत है। यह शायर तो पढ़ा-लिखा नहीं है, तब भी वैसी ही नज़्में लिख रहा है। ऐसा होता है। इस ज़माने में भी ऐसा कुछ होगा पर मैंने जैसा तुम्हें बताया है, खाना-पूरी करनी थी, उर्दू के दो उदाहरण सामने थे, कुछ अँग्रेज़ी के भी। मेरा ऐतिहासिक उपन्यास नहीं है। उसमें, जैसा कि तुम कह रहे हो, इतिहास के साथ कल्पना ख़ासतौर पर है। पर ऐसी कोई हवा अभी भी होगी।

हो सकता है कि यह समय मनुष्य का अपनी सांस्कृतिक विस्मृति

के प्रति सजग होने का हो। शायद इसलिए जिन उपन्यासों में अतीत की पुनर्कल्पना होती है, उनके प्रति लगाव बढ़ता लग रहा है। यह संयोग है कि आपने ऐसा ही कुछ लिखा। आपको भी वह ज़रूरत महसूस हुई होगी।

पश्चिम के लेखक अपने यहाँ कुछ न कुछ निरन्तरता देख ही लेते हैं। उनके यहाँ तोड़-फोड़ की परम्परा पुरानी है। हमारे यहाँ तोड़-फोड़ की परम्परा कोई नहीं है और अब निरन्तरता भी नहीं रह गयी है। मेरा एक तरह से मिशन था। लोग कहते थे कि उर्दू में साहित्यिक सिद्धान्त है ही नहीं पर यह कैसे मुमकिन था कि बिना सिद्धान्त के शायरी होती। या यह संस्कृति पतनशील ही थी, भोग-विलास की संस्कृति। यह सिर्फ़ लौण्डेबाजी, पतंगबाजी, बटेरबाज़ी याकि तमाम बाज़ियों की संस्कृति थी। मानो कोई परिष्कार न रहा हो। संस्कृति ही न रही हो। हमारे यहाँ उस समय की दो छवियाँ हैं कि या तो कुछ था ही नहीं या सबकुछ गिरा हुआ था। दाग़ के बारे में कहा जाता है कि वे क़िले में पले-बढ़े जोकि ग़लत है। क़िले का परिवेश ही ऐसा था, जिसमें बटेरबाज़ी, पतंगबाज़ी, कनकव्वेबाज़ी, लड़कियों-वड़कियों से छेड़छाड़, रण्डियों से मेल-जोल, दाग़ साहब क्या करते इसलिए यही उनकी शायरी में आया। ये बातें ग़लत हैं, शायरी आपने पढ़ी नहीं है, उनकी जीवन-कथा आप जानते नहीं, आपको पता नहीं है कि वे चौदह बरस की उम्र में क़िले में गये थे। उस उम्र तक आदमी बड़ा हो जाता है। उस ज़माने की संस्कृति में तब तक वह विवाह योग्य हो जाता था। बल्कि तब तक विवाह कर भी लेता था जबकि उनके लिए कहा जाता रहा कि वे बचपन से क़िले में पले-बढ़े थे। इस तरह की समझ बना दी गयी थी कि उस ज़माने में या तो संस्कृति थी ही नहीं या गिरी हुई थी। इस धारणा को किसी को तो तोड़ना था। मैं इसको गहराई से महसूस करता हूँ और यह भी रहा होगा कि १८वीं सदी की शायरी और संस्कृति को जितना मैं पढ़ पाया, शायद ही किसी और ने पढ़ा हो। मैं वह पढ़ने लगा और पढ़ता गया। फिर दास्तान पर आ गया। मेरे जितनी 'दास्तान' दुनिया में शायद ही किसी ने पढ़ी होगी। 'दास्ताने हम्ज़ा' की छियालीस जिल्दें मैंने पूरी पढ़ी हैं। कई जिल्दें कई-कई बार पढ़ीं। लोगों को उन जिल्दों के नाम तो ख़ैर दूर की बात है, यही नहीं पता है कि वे हैं कितनी। फ्रांसिस हमारी शागिर्द थीं, वे हम्ज़ा की एक जिल्द का अनुवाद करना

चाहती थीं, वे हमसे कहने लगीं, हमारी मदद कीजिए। वे पूछने लगीं, 'क्या आपने दास्तान पढ़ी हैं।' मैंने उनसे कहा, दास्तान कौन पढ़ता है, हम तो उपन्यास के आदमी है। उन्होंने उसका एक जिल्द लाकर दे दिया। मैं उसको पढ़कर पढ़ता ही चला गया। मैंने सोचा इसका आख्यान तो ऐसा है कि इसके आगे तोल्सतोय भी पानी भरें।

क्या दास्तान की उत्पत्ति फ़ारस में हुई है?

एक मर्तबा कॉकेशिया से एक मोहतरमा आयी थीं। वे दास्तान पर काम कर रही थीं। यह बहुत पुरानी बात है। मेरे मुँह से यह निकल गया कि यह दास्तान तो ईरान में पैदा हुई है। यह सुनकर वे बिगड़ गयीं। वे बोलीं, 'यह हमारी है, आप कैसी बात करते हैं, ये तो यूक्रेन में पैदा हुई है।' मैंने कहा, यही समझ लो। कुछ लोग इसे दक्षिण-पूर्व एशिया से भी जोड़ते हैं। यह पक्का है कि इसकी पैदाइश अरेबिया की नहीं है। अगरचे बाद के लोगों ने उसे उससे जोड़ा ज़रूर है। बल्कि पैग़म्बर से भी जोड़ा है। ये कहा जाने लगा कि जब मुहम्मद साहब दुःखी होते थे, अपने चचा अब्बास से कहते थे कि अब्बास मुझे कोई कहानी सुनाओ, ख़ासकर मेरे शहीद हो चुके चचाजान हम्ज़ा के बारे में।

ज़ाहिर है कि ये सब फ़र्ज़ी है। महमूद ग़ज़नवी के बारे में भी ऐसे ही क़िस्से हैं कि उन्होंने किसी को अपना दिल बहलाने नौकरी पर रखा कि वह उन्हें कहानी सुना सके। कहने का अर्थ यह है कि इसकी पैदाइश की जगह किसी को साफ़ तौर पर मालूम नहीं। इसकी आख़िरी पैदाइश ईरान की ही है। एक और सिद्धान्त मुमकिन है कि अब्बासियों ने चूँकि सय्यदों के साथ बहुत दुर्व्यवहार किया और जहाँ तक हो सका सय्यदों की स्मृति को मिटाना चाहा इसलिए दास्तान अब्बासियों द्वारा सय्यदों की अनजाने ही चमक वापस लौटाने की कोशिश थी। उनके शौर्य का उत्सव मनाने का प्रयास। हम्ज़ा मोहम्मद साहब के बाप के सगे भाई थे। उनकी बहादुरी मशहूर थी। वे लड़ाई में मारे भी गये थे। जिस औरत ने उन्हें मारने के लिए एक आदमी को तैनात किया था क्योंकि उसके पति को हम्ज़ा ने ही मारा था, उस औरत ने यह कहा था कि लड़ाई के दौरान जब भी इसे अकेला पाओ, इसे मार देना, मैं इसका कलेजा खाऊँगी। उस ज़माने में रिवाज था कि औरतें बदला लेने के लिए अपने दुश्मन का सीना चीरकर उसका

क़लेजा खाती थीं। इस दास्तान का अन्त ऐसा नाटकीय और वीभत्स है। इसीलिए यह कहा जाता है कि पैग़म्बर ने हम्ज़ा को सय्यदुश्शोहदा, शहीदों का सरताज कहा। ये क़िस्सा भी बनाया गया कि हम्ज़ा की मौत के बाद जब पैग़म्बर उनके घर के सामने से गुज़रे, दो औरतें बहुत रो रही थीं, पैग़म्बर ने उन्हें रोने से रोका और कहा, मेरे चचा तो जन्नत में हैं, वे बहुत बड़े आदमी हैं और उनके क़िस्से हमेशा लोग सुनाया करेंगे। भारत में जब यह दास्तान आयी और हम लोगों ने उसमें जो बढ़त की वह बेमिसाल है। जब १५९० के आसपास दक्षिण भारत में फ़ारस के एक दास्तानगो ने आकर दास्तान सुनायी गोलकुण्डा के बादशाह को, उसने इनसे दास्तान लिखवा ली। उन्होंने कहा कि यह लम्बी है, इसे छोटे में लिखो। ख़ुदाबख्श पुस्तकालय में उसकी एक ही अधूरी प्रति है। मैंने वो पढ़ी है; हैदराबाद से वह दिल्ली पहुँची। मुग़ल जब दक्खन गये, वे वहाँ से दास्तान लें आये।

दास्तान अकबर के यहाँ पहुँची और उन्होंने इसे बहुत पसन्द किया। इस पर उन्होंने बहुत-से चित्र बनवाये। दास्तान में नब्बे प्रतिशत जादुई तत्त्व, जादूगर बादशाह या दैव राजा भारत का दास्तान को योगदान है। यह और कहीं दास्तान में नहीं मिलता। हमारे यहाँ जो यह कहा जाता है कि ईश्वर सभी कारणों का कारण है और वह बिना किसी कारण कुछ भी बना सकता है, इसके बरक्स पैग़म्बर के पास जो चमत्कार है, वह बिना कारण के नहीं होता। मसलन, ईसा मसीह का यह क़िस्सा कि एक अवसर पर थोड़ी-सी शराब थी और उन्होंने कहा इसे बाँटों पर कम होने पर भी वह ख़त्म नहीं हुई। हमारे यहाँ भी ऐसे कई क़िस्से हैं कि पानी कम था और पैग़म्बर ने कहा कि लो, ये गिलास ले जाओ, सबको पिला दो। सौ आदमियों ने पी लिया। या जब खाना नहीं मिल रहा था और भूखा पड़ा था, किसी ने कहा, हुज़ूर एक बकरी है, मैं काटे दे रहा हूँ पर इसमें कितने लोग खा पायेंगे। पैग़म्बर ने कहा, कोई बात नहीं पकाओ। उसने खाना पकाया, उन्होंने उसमें फूँक दिया और बहुत से लोगों ने खा लिया। इन सबमें कारण मौजूद था, गोश्त पहले से मौजूद था। लेकिन ईश्वर कारणों का कारण है। उसको कारण की ज़रूरत नहीं पड़ती। इसीलिए हमारे यहाँ दास्तान में जो जादूगर है, वह यही दावा करता है कि मैं बिना कारण कोई भी चीज़ कर सकता हूँ। यह फ़ारस में कहीं नहीं था। अमीर हम्ज़ा का जो क़रीबी साथी है, लन्दौर वह भी यहीं का योगदान है। लन्दौर बड़ा दिलचस्प

नाम है, लन्द यानि शिश्न ग़ौर संस्कृत और पुरानी फ़ारसी में सूर्य यानि सूरज का बेटा। उनके बाप का नाम है सादान, जो अरबी है। ऐयारी दास्तान में पहले से थी पर उसे हम लोगों ने विस्तार दिया है। ऐयारों के ख़ानदान और स्त्री ऐयार ये सब हम लोगों का दास्तान को योगदान है।

फ़ारूक़ी साहब से दास्तानगोई पर अगर बात चलती, वह कितनी और लम्बी चलती, इसका अन्दाज़ लगाना भी मुश्किल है। वे कह ही चुके थे कि शायद सारी दास्तान पढ़ने वाले वे अकेले ही होंगे। हमने बातचीत यहीं बन्द की। फ़ारूक़ी साहब थक गये थे। मैंने उन पर सरासर ज़ुल्म किया था, मैं जानता था। पर उन्होंने उस आख़िरी दिन मुझसे कहा कि वे इस बातचीत से थक ज़रूर जाते थे पर देर तक ख़ुश रहते थे क्योंकि वे भी एक बार फिर अपने अतीत में झाँक रहे होते थे।

फ़िक्शन की सच्चाइयाँ

(पहला शमीम निखत यादगार ख़ुत्बा, लखनऊ, ४ अप्रैल, २०१७)

शम्सुर्रहमान फ़ारूक़ी
उर्दू से लिप्यन्तरण : शुभम् मिश्र

फ़िक्शन की सच्चाइयाँ

यह मेरे लिए बड़े इज़्ज़त की बात की है कि मैं शमीम निखत यादगारी ख़ुत्बात के सिलसिले का अव्वलीन ख़ुत्बा पेश करने के लिए आपके सामने हाज़िर हूँ। इज़्ज़त से ज़्यादा, यह मौक़ा मेरे लिए ख़ुशी का होता अगर मरहूमा हमारे दर्मियान होतीं। शमीम निखत चूँकि क़ाबिले ज़िक्र अफ़साना निगार और फ़िक्शन की मातबर[१] क़ारी[२] थीं, इसलिए यह ख़ुत्बा एक तरह से उनकी ख़िदमत में ख़राजे अक़ीदत[३] भी कहा जा सकता है। मैं उन फ़िक्शन निगारों की ख़िदमत में हदीया-ए-तबरीक[४] भी पेश करता हूँ, जिन्हें आज शमीम निखत यादगारी अवार्ड से मुफ़्तख़र[५] किया जायेगा। इक़बाल मजीद, सईद मुहम्मद अशरफ़, तरन्नुम रियाज़, हमारे लिए क़ीमती और क़ाबिले एहतिराम नाम हैं और ये तीनों फ़िक्शन निगार हर तरह इस अवार्ड के हक़दार थे।

शमीम निखत ने लम्बी बीमारी बड़ी मज़्बूती और सलाबत[६] किरदार के साथ झेली। वे ग़ैर-मामूली सलाहियत[७] की ख़ातून थीं लेकिन ज़िन्दगी ने उन्हें वह कुछ करने का मौक़ा नहीं दिया जिसके लिए लियाक़त[८] और सलाहियत ख़ुदा ने उनको वदीअत[९] की थी। इकलौती, जवान बेटी का ग़म, और वह भी ऐसे वक़्त जब बेटी एक और जान को दुनिया-ए-फ़ानी[१०] में लाने की कशमकश में गिरफ़्तार थी, ऐसा ग़म नहीं जिससे कोई भी सलामत निकल आये। लेकिन वे इस हादिसए फ़ाजिआ[११] को ज्यों-त्यों करके सह गयीं, दुनिया को कानों-कान ख़बर न लगी :

---

१. विश्वसनीय २. पाठक ३. श्रद्धांजलि ४. बधाई ५. गर्वान्वित ६. सख़्त ७. ख़ूबी ८. क़ाबिलीयत ९. धरोहर १०. नश्वर संसार ११. बहुत ही भयानक दुर्घटना

सतह पे ताज़ा फूल हैं कौन समझ सका ये राज़,
आग किधर-किधर लगी शोला कहाँ-कहाँ गया

यूनिवर्सिटी में तदरीसी[१] सरगर्मियाँ, घर-गृहस्थी और फिर शुआअ फ़ातिमा मेमोरियल ट्रस्ट का क़याम और उसकी निगरानी, ये मसरूफ़ियात उनको ज़्यादा से ज़्यादा मशग़ूल तो रखतीं लेकिन अदब के लिए वक़्त उनके पास बहुत कम बचता था। यही वजह है कि उनकी अदबी ज़िन्दगी की यादगार, कहानियों का एक संग्रह, पी-एच.डी. का शोध ग्रन्थ (प्रकाशित) और कुछ लेख और बच्चों के लिए कुछ तहरीरों से ज़्यादा नहीं। लेकिन जितना भी है, क़ीमती और याद रह जाने वाला है।

याद नहीं आता कि शमीम निखत और शारिब रुदौल्वी से ज़ाती मरासिम[२] कब शुरू हुए। शायद वह ज़माना रहा हो जब मैं देहली में काम कर रहा था, यानी सन् १९८५ के पहले की बात है और देहली में मेरी नौकरी का यह दूसरा और ज़्यादा लम्बा दौर था। यूँ तो मेरे सम्बन्ध अदीबों और अदब के उस्तादों से हमेशा रहे हैं और ईश्वर की कृपा से हमेशा शिगुफ़्ता[३] और दोस्ताना रहे हैं, लेकिन उनके घर पर जाने और घरेलू तर्ज़ के मिलने-मिलाने का सिलसिला सबके साथ नहीं था। शारिब और शमीम उन चन्द मियाँ-बीवी में थे जिनसे मैं और जमीला घरेलू ताल्लुक़ात के अन्दाज़ में मिलते थे। शमीम निखत उन दिनों दिल्ली यूनिवर्सिटी में थीं, शारिब जे.एन.यू में थे। किताबी या पढ़ने-पढ़ाने की सतह पर हममें कोई बात साझा नहीं थी। फिर यह भी कि शारिब रुदौल्वी तरक़्क़ीपसन्द थे और उर्दू तनक़ीद पर उनकी मशहूर किताब मेरी नज़र से गुज़री थी और मुझे उस किताब में इख़्तिलाफ़[४] के कई पहलू भी नज़र आये थे। इसके बावजूद हम लोगों में आपसी सतह पर कभी कोई इख़्तिलाफ़ नहीं हुआ। आपसी इख़्तिलाफ़ क्या, अदबी एतिबार से इख़्तिलाफ़ राय के भी मौक़े नहीं आये। मीर से दिलचस्पी हम दोनों को थी और मुमकिन है इस वजह से हमारी दोस्ती और मज़्बूत हो गयी हो।

शमीम निखत और शारिब रुदौल्वी के बारे में 'मन तो शुदम, तो मन शुदी'[५] वाला रिवायती मिसरा तो बेशक पढ़ा जा सकता है। लेकिन बात

---

१. शैक्षणिक / तालीमी २. मेल-जोल ३. खिले हुए ४. मतभेद ५. मैं तू हो गया, तू मैं हो गया

अगर समाजी ताल्लुक़ात और मेहमान नवाज़ी और ख़ुल्क़[1] व इंकिसार[2] की हो, तो यह फ़र्क़ वाक़ई मुश्किल हो जाता है कि इन ख़ूबियों में कौन बढ़कर था? दोनों को मैंने एक जैसी मुहब्बत करने वाला, छोटे-बड़े का लिहाज़ करने वाला, लेकिन इस लिहाज़ को तकल्लुफ़ या तसन्नो[3] तक पहुँचने से महफ़ूज़ रखने वाला पाया।

देहली छूटी तो शारिब और निखत से मिलना-मिलाना भी कम हो गया, लेकिन ताल्लुक़ात में गर्मजोशी वैसी ही बर्क़रार रही। नौकरी से छुट्टी पाने के बाद से मैं इलाहाबाद में रह रहा हूँ। कभी शारिब से और कभी दोनों से मिलना-जुलना हो जाता। कभी वे इलाहाबाद आते, कभी मैं लखनऊ जाता। वक़्त के बीतने और जगह की दूरी का हमारे ताल्लुक़ात पर कोई असर नहीं पड़ा। जब शमीम निखत की सुनावनी[4] सुनी तो लगा कोई मेरा क़रीबी अज़ीज़ रुख़्सत हो गया है।

मेरे भाई शारिब रुदौल्वी ने फ़ोन पर मुझे मरहूमा की वसीयत के बारे में बताया कि उन्होंने फ़िक्शन पर सालाना ख़ुत्बात का मंसूबा बनाया था और सालाना फ़िक्शन अवार्ड की तज्वीज़[5] भी उनके सामने थी लेकिन मौत ने उन्हें फ़ुर्सत नहीं दी। शारिब साहब चाहते थे कि शमीम की वसीयत पर अमल किया जाय, एक सालाना ख़ुत्बे का एहतिमाम[6] हो जो फ़िक्शन से वाबस्ता किसी विषय पर और एक सालाना फ़िक्शन अवार्ड भी दिया जाय। मैंने इन दोनों सुझावों पर साद[7] किया। फिर शारिब साहब ने हुक्म दिया कि सिलसिला-ए-ख़ुत्बात का पहल ख़ुत्बा मैं ही हाज़िर कर सकूँ। शारिब और शमीम से दिली इरादत और मुहब्बत की बिना पर राज़ी हो गया, हालाँकि, उस वक़्त मैं सेहत और फ़ुर्सत दोनों की कमी का मारा हुआ था। यह इन मरहूमा की रूहानी करामात ही समझिए कि मैं इस फ़र्माइश को पूरा कर सका।

मैं लम्बे समय से फ़िक्शन का पाठक रहा हूँ। मुख़्तलिफ़ ज़बानों में मुख़्तलिफ़ तरह का फ़िक्शन बहुत तादाद में पढ़ डालने के बावजूद यह सवाल मुझे हमेशा परेशान करता रहता है कि वह क्या ख़ूबी है जो किसी तहरीर को फ़िक्शन बनाती है? (यहाँ फ़िक्शन से मेरी अव्वलीन मुराद

---

१. सुशीलता २. नम्रता ३. बनावटीपन ४. मौत की इत्तला ५. प्रस्ताव ६. आयोजन ७. हामी भरना

नॉवेल और अफ़साना हैं। लेकिन यह सवाल दूसरी तरह के बयानों मसलन दास्तान, क़िस्सा, बच्चों के लिए बनायी हुई कहानियाँ वग़ैरह के भी बारे में पूछा जा सकता है।)

ज़ाहिर है कि पहला जवाब तो यही है कि फ़िक्शन की बिना हक़ीक़त पर नहीं होती। हक़ीक़त से मेरी मुराद वे वाक़िये हैं जो वाक़ई और यक़ीनी तौर पर पेश आ चुके हैं। फ़िक्शन को हक़ीक़त पर मब्नी[१] नहीं कहा जा सकता, क्योंकि इसमें जो वाक़िये बयान होते हैं उनके बारे में मुसन्निफ़[२] का दावा यह नहीं होता कि वो हक़ीक़ी दुनिया में पेश आ चुके हैं, और न ही फ़िक्शन पढ़ने वाला ऐसा समझता है कि जो कुछ मैं किसी फ़िक्शन में पढ़ूँगा वह सब का सब सच होगा, यानी उसमें जो कुछ बयान किया जायेगा वह वाक़ई और हक़ीक़ी तौर पर पेश आ चुका होगा।

लिहाज़ा फ़िक्शन की पहली तारीफ़ यह हुई कि वह 'झूठ' होता है, या सरासर झूठ नहीं तो झूठ पर टिका हुआ ज़रूर होता है। यही वजह है कि कुछ तहज़ीबों में यह मसला उठाया गया है कि अगर फ़िक्शन झूठ है, या झूठा है, तो इसका बयान करने वाला झूठ बोल रहा है। यानी वह एक ख़ासे संगीन अख़्लाक़ी गुनाह का मुर्तकिब[३] हो रहा है। इन तहज़ीबों में यह सवाल भी उठाया गया है कि अगर ऐसा है तो फ़िक्शन निगारी को अख़्लाक़ी[४] जुर्म क़रार दिया जाना चाहिए और तहज़ीब से फ़िक्शन को बिलकुल ख़त्म कर देना चाहिए। और अगर ऐसा मुमकिन नहीं हो तो कम से कम अब से फ़िक्शन लिखने और फ़िक्शन पढ़ने पर पाबन्दी आयद होनी चाहिए।

लेकिन इस मामले में बहुत सी उलझने हैं। हक़ीक़त या सच्चाई की क़िस्म और उसके इल्मियाती[५] वजूद पर जो बहसें हैं उन्हें तो अलग रखिये, लेकिन यह सवाल फिर भी बाक़ी रहता है कि 'हक़ीक़त पर मब्नी होना' से क्या मुराद है ? यह तो ज़ाहिर है कि कोई भी फ़िक्शन, चाहे वह कितना ही हक़ीक़त पर टिका हुआ क्यों न हो, उसमें सारे का सारा तो 'हक़ीक़ी' नहीं हो सकता। मसलन, और कुछ नहीं तो एक हक़ीक़ी वाक़िया यूँ है कि दो शख़्सों के बीच बातचीत हुई थी और कोई तीसरा मौजूद नहीं था। अब अगर फ़िक्शन निगार इस बातचीत को अपने फ़िक्शन में दर्ज करता है वह

---

१. आधारित २. लेखक ३. पापी / दोषी ४. नैतिक ५. बौद्धिक

कैसे दावा कर सकता है कि यह बातचीत 'हक़ीक़त' पर मब्नी है? और अगर इस बातचीत को बयान करने वाला इन दोनों में से एक शख़्स है जो बातचीत में शरीक थे, तो यह किस तरह साबित हो सकता है कि ख़ुद वह शख़्स झूठ नहीं बोल रहा है और बातचीत के अल्फ़ाज़ को ठीक उस तरह बयान कर रहा है, जिस तरह वे अल्फ़ाज़ अदा किये गये थे?

एक दूसरी मिसाल ऐसे फ़िक्शन की है (यानी अफ़साने और नॉवेल) जिसके बारे में लेखक दावा करता है कि यह सच्चा वाक़िआ है। तो फिर ऐसी तहरीर को फ़िक्शन कहने का जवाज़[१] क्या है? ज़ाहिर है कि कोई जवाज़ नहीं। या अगर है तो फिर हमें फ़िक्शन की इस तारीफ़ से दस्तबर्दार[२] होना पड़ेगा जो हमने ऊपर बयान की थी। अंदलीब शादानी ने 'सच्ची कहानियाँ' के नाम से एक सिलसिला शुरू किया था जिनके बारे में उनका बयान था कि जो वाक़िआत उनमें बयान हुए हैं वे बिलकुल सच्चे हैं। और उनको बयान करने वाला अक्सर वाहिद मुतकल्लिम के सीग़े[३] में होता था और हर बार पूरे वसूक़[४] से यह कहा जाता था कि ये अफ़साने नहीं, सच्चे वाक़िआत हैं। लेकिन न तो लेखक/बयान करने वाले और न पढ़ने वालों ने तहरीरों को अफ़साना मानने से इन्कार किया।

ख़याल रहे कि मैं तारीख़ी फ़िक्शन को अपनी बहस से ख़ारिज रख रहा हूँ क्योंकि तारीख़ी फ़िक्शन ज़्यादातर उन्हीं वाक़िआत पर मब्नी, या उन वाक़िआत के बारे में होता है जो पेश आ चुके हैं। फ़िक्शन निगार इसमें अपनी तरफ़ से नमक-मिर्च लगाकर अपने फ़िक्शन, बल्कि कभी-कभी इसके कथानक को भी अपने तौर पर बयान करता है और यह दावा नहीं करता कि मैंने वाक़िआत को किसी क़िस्म की मिलावट के बग़ैर लिखा है। लिहाज़ा तारीख़ी फ़िक्शन भी एक तरह का फ़िक्शन, यानी झूठ ही होता है। लेकिन यह बात अपनी जगह पर क़ायम रहती है कि कोई फ़िक्शन सौ फ़ीसदी उन्हीं बातों को नहीं बयान कर सकता जो हो चुकी हैं और जिनके लिए आज़ाद और ग़ैर-मुतअस्सिब[५] शवाहिद[६] मौजूद हैं।

लेकिन यह बात भी सच है कि फ़िक्शन झूठ हो या सच, या दोनों की मिलावट, लेकिन इसमें कोई चीज़ ऐसी है जिसकी बिना पर यह पढ़ा

---

१. औचित्य २. विरक्त ३. प्रथम पुरुष के माध्यम से बात करना ४. यक़ीन ५. तटस्थ ६. साक्षीगण/गवाह

जाता है (अब चाहे कम सुना जाता हो, लेकिन फ़िक्शन का सुनना और सुनाना ग़ायब नहीं हुआ है), और लोगों को मुतासिर[१] करता है।

इसका एक जवाब यह हो सकता है कि झूठ इंसानी फ़ितरत में दाख़िल है, लिहाज़ा फ़िक्शन हमारी फ़ितरत के ऐन मुताबिक़ है। यह जवाब देखने में तो ग़ैर-संजीदा है, लेकिन इसके पीछे एक बहुत बड़ी हक़ीक़त है जिसकी तरफ़ हज़ारों बरस पहले अरस्तू ने इशारा किया था। अरस्तू का कहना है कि जब हम किसी शख़्स की तस्वीर देखते हैं तो हमें लुत्फ़ आता है और हम कहते हैं कि वाह! अच्छा, ये फ़लाँ शख़्स की तस्वीर है! तस्वीर तो ज़ाहिर है कि झूठ है, यानी वह बहुत ख़ूबसूरत, या कितनी ही बोलती हुई तस्वीर क्यों न हो, वह है महज़ तस्वीर, असल शख़्स नहीं है, यानी झूठ है। हम इस बात को ख़ूब जानते हैं, लेकिन फिर भी तस्वीर हमारे लिए लुत्फ़ का सामान मुहैया करता है। मालूम हुआ कि हमारी फ़ितरत कज़िबपसन्द[२] है।

लेकिन मामला फिर भी हल नहीं हुआ : वह क्या चीज़ है जो किसी तहरीर को फ़िक्शन बनाती है? ज़ाहिर है कि अगर हम फ़िक्शन को झूठ ही क़रार दे लें, और यह भी दावा कर डालें कि इंसान झूठ को पसन्द करता है, तो भी यह तो मानना ही होगा कि फ़िक्शन किसी ख़ास क़िस्म का झूठ होता है और वही इसे ग़ैर-फ़िक्शन झूठ से छाँटकर अलग करता है। तो वह ख़ास बात क्या है जो किसी मत्न[३] को फ़िक्शन बनाती है?

हमारे ज़माने में फ़िक्शन के एक अहम नज़रियासाज़ जेराल्ड प्रिंस का कहना है कि हम जिब्बली और फ़ितरी[४] तौर पर फ़िक्शन और ग़ैर-फ़िक्शन में फ़र्क़ कर लेते हैं। कोई तहरीर हमारे सामने लाइये, हम फ़ौरन और ख़ुद-ब-ख़ुद साफ़ तौर पर पहचान लेंगे कि यह फ़िक्शन है, या नहीं है। ध्यान रहे कि प्रिंस ने यह बात कहानी के बारे में कही थी। लेकिन कहानी कोई अलग चीज़ नहीं है, वह भी फ़िक्शन है और हम यह भी कह सकते हैं कि वह तमाम फ़िक्शन की बुनियाद है।

इस जवाब में सबसे बड़ी मुश्किल यह है कि इसका इन्हिसार[५] तहज़ीबी अक़्दार[६] पर है जो बहरहाल इज़ाफ़ी और मक़ामी हैं और इसी वजह से इसे

---

१. प्रभावित २. झूठ पसन्द करने वाला ३. लेख ४. नैसर्गिक ५. निर्भरता ६. मूल्य

विज्दानी अक़्ल[१] पर मब्नी नहीं कह सकते। हो सकता है जो चीज़ मग़रिबी तहज़ीब में जिब्बिली[२] तौर पर पहचानी जा सकती हो कि यह फ़िक्शन है, वह किसी और तहज़ीब के लिए जिब्बिली और साफ़ तौर पर फ़िक्शन न महसूस हो। चलिये, हम फ़र्ज़ कर लें कि प्रिंस की तारीफ़ विज्दानी अक़्ल के ख़िलाफ़ नहीं है, बल्कि माफ़िक़ है. फिर भी सवाल बाक़ी रहता है कि हम क्यों और किस तरीक़े या क़रीने से किसी मत्न के बारे में साफ़ और जिब्बिली तौर पर फ़ैसला कर देते हैं कि यह फ़िक्शन है?

हम कह सकते हैं कि फ़िक्शन और कुछ नहीं है, वाक़िआत का बयान है। यानी यहाँ ज़ोर वाक़िये पर है, जिसे अरस्तू ने 'एक्शन' कहा था। फ़िक्शन में कुछ हो रहा होता है, चाहे उसे तरतीब ज़मानी के लिहाज़ से बयान नहीं किया गया हो। फिर तारीख़, सवानिहे हयात[३], ख़ुदनविश्त सवानिह[४], डायरी, वग़ैरह को फ़िक्शन से अलग या मुख़्तलिफ़ कैसे क़रार दे सकते हैं। किसी तारीख़ी मत्न में वाक़िआत का तजुर्बा, उनकी बिना पर उसूल साज़ी, और वाक़िआत से नतीजे बरामद करने की कोशिश, यह सब कुछ हो सकता है, लेकिन फिर भी तारीख़ को ज़रूरत है कि वह इन वाक़िआत को दुरुस्ती और बारीक़ बीनी से बयान करे जिनसे उसका बयानिया इबारत है। यानी तारीख़, 'सच' होती है। ऐसी सूरत में उसे फ़िक्शन का नाम देना देखने में मुश्किल मालूम होता है। लेकिन इसके सामने, लुकाच का दावा था कि माज़ी की मारूज़ी[५] और सच्ची तस्वीरकशी सिर्फ़ तारीख़ी नॉवेल ही में मुमकिन है। लेकिन वह इस बात को साफ़ नहीं करता कि यह मारूज़ी और सच्ची तस्वीरकशी मसलन सवानिहे हयात या ख़ुदनविश्त के ज़रिये मुमकिन क्यों नहीं है? अरस्तू बहुत पहले यह बात हमें बता चुका था कि किसी वाक़िये को कितनी ही दुरुस्ती के साथ क्यों न बयान किया जाय, लेकिन नाज़िर[६] या मुशाहिद[७] का नज़रिया और नुक़्तए नज़र बहरहाल हर बयानिये को मुतासिर करता और उसकी 'दुरुस्ती' को मश्कूक[८] कर देता है। ऐसी सूरत में तारीख़ी नॉवेल, या किसी भी फ़िक्शन के बारे में पूरे सच होने का दावा धोखा ही रहेगा।

मुझे हमेशा ऐसा लगता रहा है कि अफ़साना और नॉवेल के जदीद नक़्क़ादों ने नये बयानियों के सियाक़-ओ-सबाक़[९] में जो दावे फ़िक्शन की 'सच्चाई'

---

१. सहज बोध २. स्वाभाविक ३. जीवनी ४. आत्मकथा ५. कथित / उक्त ६. देखने वाला ७. गवाह ८. संदिग्ध ९. सन्दर्भ

और उसके 'हक़ीक़त' का सूरतकश होने के बारे में किये हैं वे मुबाल्ग़ा आमेज़[१] हैं। 'पूरा सच' से कम कोई चीज़ हमारे नक़्क़ादों[२] को मुत्मईन करने में कामयाब नहीं होती। वे फ़िक्शन से 'पूरा सच' माँगते हैं और कुछ फ़िक्शन निगारों के यहाँ वे, 'पूरा सच' देख भी सकते हैं। इसकी एक वजह यह हो सकती है कि अफ़लातून से फ़ैज़याफ़्ता[३] अदबी तहज़ीब में शायरी के बारे में ऐसे कोई दावे नहीं किये गये थे, और किये जा सकते भी नहीं थे। फ़िक्शन को शायरी से ऊँचा साबित करने का एक ज़रिया यह था कि हालाँकि शायरी पूरा सच नहीं पेश कर सकती लेकिन फ़िक्शन यह काम कर सकता है। बहुत से नक़्क़ादों का ख़याल था कि 'हक़ीक़त' और 'वाक़िआत' या 'हक़ीक़त निगारी' एक ही चीज़ हैं और वाक़िआत की ज़िद ऐनियत[४] है।

हक़ीक़त निगारी के तसव्वुर की बुनियाद इस मफ़रूज़े[५] पर थी कि मारूज़ी हक़ीक़त या मारूज़ी हक़ीक़तें कहीं मौजूद हैं, चाहे वे पूरी तरह हमारे सामने न हों। और उन मारूज़ी हक़ीक़तों को ईमानदारी और सच्चाई के साथ पेश किया जा सकता है, या उनकी नुमाइंदगी या नक़्ल हो सकती है। और मारूज़ी हक़ीक़तों को फ़िक्शन निगार के तख़य्युल[६] में तोड़ा, टुकड़े-टुकड़े किया जा सकता है, ताकि उन्हें काग़ज़ पर मुर्तसम[७] किया जा सके। लुकाच जैसा हक़ीक़तपरस्त भी कहता था कि फ़िक्शन हमेशा इस ख़तरे में है कि वह फिसलकर 'तग़ज़्ज़ल या ड्रामा' की हदों में दाख़िल हो जाय और इस तरह हक़ीक़त को तंग और महदूम[८] करते हुए अपनी सतह से नीचे गिरकर महज़ तफ़रीही अदब की सतह पर आ जाये। लुकाच के ख़याल में इस ख़तरे के ख़िलाफ़ मुक़ावमत[९] के लिए ज़रूरी है कि नॉवेल निगार शुऊरी[१०] तौर पर, और लगातार, दुनिया की शिकस्त-ओ-रेख़्तपिज़ीर[११] और नामुकम्मल हक़ीक़त को असल हक़ीक़त समझे और इन सब बातों को भी सामने मौजूद रखे जो 'बाहर की तरफ़ राह दिखाती और दुनिया की हदों से बाहर ले जाती हैं'। उसके अल्फ़ाज़ में :

"The danger can be resisted only by positing the fragile and incomplete nature of the world as ultimate reality by recognizing,

१. अतिरंजित २. आलोचक ३. लाभान्वित ४. आदर्शवाद ५. वहम / कल्पना ६. कल्पना ७. अंकित / नक़्श ८. ध्वस्त ९. प्रतिरोध १०. अच्छे-बुरे की समझ, विवेक ११. नाज़ुक

consciously and consistently, everything that points outside and beyond the confines of the world."

फ़िक्शन की वाक़िआत और हक़ीक़त के बारे में इससे बड़ा दावा नहीं किया जा सकता। लेकिन हम यह भी देख सकते हैं कि हमारी 'शिकस्त-ओ-रेख़्तपिज़ीर दुनिया' की अक्कासी[१] (पूरी या अधूरी) मुमकिन ही नहीं है, और इस वक़्त तो बिलकुल मुमकिन नहीं है जब फ़िक्शन निगार इन बातों को नज़रअन्दाज़ कर दे जो 'दुनिया की हदों से बाहर ले जाती हैं।'

वाक़िआतपरस्तों के बर ख़िलाफ़, मुझे तो यह नज़र आता है कि रोब ग्रीये जैसे कट्टर हक़ीक़तनिगार भी इस बात पर क़ादिर[२] नहीं हैं कि वे किसी भी सूरते हाल की मुकम्मल हक़ीक़त को गिरफ़्त में ला सकें। वे हद से बस इतना कर सकते हैं कि किसी सूरते हाल, या हक़ीक़त का बयान किसी नुक़्तए नज़र से कर सकें। यानी तमाम मुमकिन नुक़्तहा-ए-नज़र को गिरफ़्त में लाना रोब ग्रीये जैसों के बस का नहीं। रोब ग्रीये इस बात का मुन्किर[३] है कि फ़िक्शन के लिए मुमकिन है, या फ़िक्शन को चाहिए कि वह ऐसी कायनात को जन्म दे जिसमें मानी[४] ज़ाहिर होते हैं, या कोई ऐसी कायनात बनाये जिससे मानी हासिल हो सकें (क्योंकि आख़िरी दर्जे में मानी ही हक़ीक़त है)। रोब ग्रीये का तक़ाज़ा था कि फ़िक्शन को चाहिए कि वह ऐसी दुनिया को पैदा करे जो 'ठोस और फ़ौरी'[५] हो।

मुझे रोब ग्रीये का दावा और तक़ाज़ा अच्छा लगा क्योंकि यह वाक़िआत के सतही नज़रिये पर ज़र्ब[६] लगाता है। लेकिन मैं यह भी सोचने पर मजबूर हूँ कि क्या कोई दुनिया मानी पिज़ीरी से ख़ाली हो भी सकती है? रोब ग्रीये के बहुत पहले वेन बूथ ने साफ़-साफ़ साबित कर दिया था कि इंतिहाई मारूज़ी फ़िक्शन के बयानियों, मसलन फ़्लोबे और बाल्ज़ाक जैसे बयानिया निगारों के यहाँ भी 'नुक़्तए नज़र' शामिल हो ही आता है। अरस्तू की बयान की हुई हक़ीक़त का कोई रद्द अब तक नहीं हो सका है।

लेकिन 'मानी पिज़ीरी की कायनात' का तसव्वुर मुझे मानी के मसले की तरफ़ ज़रूर ले जाता है और मैं यह पूछने पर ख़ुद को मजबूर पाता हूँ कि क्या रोब ग्रीये 'मानी पिज़ीरी की कायनात' का इसलिए इन्कारी है कि वह

१. नक़ल २. समर्थ ३. इनकार करने वाला ४. सार्थकता ५. आसन्न ६. चोट

फ़िक्शन में किसी ख़ास मानी या नज़रिये की तलाश का मुन्किर है। लेकिन क्या रोब ग्रीये के ख़याल के ख़िलाफ़ कहीं ऐसा तो नहीं कि वही मत्न फ़िक्शन है जिसमें 'मानी पिज़ीरी' हो, यानी जिसमें हम कुछ मानी तलाश कर सकें और हासिल कर सकें?

बात तो बड़ी दिलकश है। लेकिन ऐसा तो नहीं कि मानी का वजूद सिर्फ़ फ़िक्शन में होता है। मानी तो हर जगह मौजूद है और हमारे फ़लसफ़े में सूरत और मानी की तफ़रीक़[१] इसी बिना पर थी कि सूरत वह है जो सामने नज़र आती है और मानी वह चीज़ है जो सूरत की असल है। यानी वह चीज़ जो सूरत को सूरत बनाती है, वह मानी है। लिहाज़ा मानी को सिर्फ़ फ़िक्शन तक महदूद करना कोई फ़ायदेमन्द बात नहीं।

मान लीजिये हम कहें, नहीं साहब, फ़िक्शन में एक ख़ास तरह के मानी होते हैं? लेकिन मुश्किल यह है कि यह दावा तो हर फ़न के टुकड़े, बल्कि हर मत्न के लिए किया जा सकता है और किया जाता रहा है। मानी के ऐवान में सबके लिए अलग-अलग घर हैं। अच्छा, अब मैं मानी को सिंफ़[२]-ए-सुख़न की बहस से जोड़कर यह कहता हूँ कि फ़िक्शन ऐसी सिंफ़-ए-सुख़न है जिसकी पहुँच में ऐसे और इस तरह के मानी हैं जिन तक और उस्नाफ़[३] की रसाई[४] नहीं। इयन वॉट का दावा था कि नॉवेल (फ़िक्शन) की हक़ीक़त निगारी ज़िन्दगी की महज़ तस्वीरकशी में नहीं, बल्कि इस तर्ज़-ओ-तौर में है, जिसको बरूए कार[५] लाकर, हम हक़ीक़त निगारी करते हैं। लेकिन वॉट ने भी तस्लीम किया कि इसकी यह तारीफ़ फ्रांसीसी हक़ीक़त निगारी से कुछ बहुत मुख़्तलिफ़ नहीं (हम जानते हैं कि फ्रांसीसी हक़ीक़त निगारी का दौरे-दौराँ मुद्दत हुई ख़त्म हो चुका और अब कोई फ़िक्शन निगार ख़ुद को फ्रांसीसी हक़ीक़त निगारी से जुड़ा हुआ तो कहाँ, मुतासिर भी नहीं बता पाता)।

इस एतिराज़ को रद्द करने के लिए वॉट साहब यह फ़रमाते हैं कि जदीद फ़लसफ़ियाना हक़ीक़त निगारी दरअसल फ़लसफ़े की हक़ीक़तपरस्त तहरीक पर टिकी है और जदीद फ़िक्शन 'नुक्ताचीन, मोतिरज़ाना[६], रिवायती बातों का मुख़ालिफ़ और तग़य्युर अंगेज़[७] है। लेकिन बात क्या बनी?

---

१. अन्तर २. विधा ३. साहित्य विधायें ४. पहुँच ५. अमल में आया हुआ / कार्यान्वित
६. एतराज़ करने वाला ७. नयी खोज करने वाला

अगर हम इस बयान को फ़िक्शन की मौजूदा सूरते हाल के बारे में एक बयान यानी स्टेटमेंट के तौर पर क़ुबूल भी कर लें तो हमारा सवाल वहीं का वहीं रहता है : वह क्या चीज़ जो किसी तहरीर या मत्न को फ़िक्शन बनाती है ?

प्रेमचन्द को एहसास था कि फ़िक्शन के नये और समकालीन तक़ाज़े क्या हैं। वे अपने हर अफ़साने में कोई फ़लसफ़ियाना या नफ़्सियाती नुक्ता[१] ज़रूर रखते थे (कम से कम ख़ुद उनका बयान यही था)। उनका क़ौल था कि कोई वाक़िया उस वक़्त तक अफ़साना नहीं कहा जा सकता जब तक वह किसी नफ़्सियाती हक़ीक़त को पेश नहीं करे। वे ख़ुद दास्तान की रिवायत के एक हद तक परवर्दा[२] थे, लेकिन उन्होंने दास्तान को 'फ़िक्शन' (उनकी ज़बान में अफ़साना) का दर्जा देने से इन्कार किया। लेकिन इसका मतलब यह हुआ कि उनकी नज़र में (और एक हद तक उनके बाद वॉट की नज़र में) दास्तान, कहानी, क़िस्सा, जानवरों की कहानियाँ वग़ैरह, ये सब 'अफ़साना' नहीं थे। लेकिन इसका मतलब यह है कि हम दुनिया के तख़लीक़ी अदब के बड़े हिस्से को फ़िक्शन या कहानी के दायरे से ख़ारिज कर रहे हैं। इस ज़माने में तो यह बात शायद किसी को क़ुबूल न हो।

दरअसल, वह प्रेमचन्द हों या वॉट, दोनों अपने भोलेपन के शिकार हैं। वे इस बात को नज़रअन्दाज़ कर गये हैं कि 'नुक्ताचीन' मोतिरज़ाना, रिवायती बातों का मुख़ालिफ़ और 'तग़य्युर अंगेज़' होना इतने ग़ैर-क़तई[३] और फिसलवाँ दावे हैं जितनी कि 'नफ़्सियाती हक़ीक़त' और 'फ़लसफ़ियाना हक़ीक़त' जैसी इस्तलाहात[४]। ज़रा सा ग़ौर और फ़िक्र इस बात को बिलकुल साफ़ कर देगा। और यह बात तो है ही कि ऊपर बतायी गयी कोई इस्तलाह या नुक्ता ऐसा नहीं जो अदब की मुख़्तलिफ़ उस्नाफ़ के लिए काम में न लाया जा सके। वॉट हों या प्रेमचन्द, वे यह बात भूल जाते हैं कि हर बयानिया अपनी सतह पर मानीख़ेज़ होता है। ज़्वेतान टाडाराफ़ ने उम्दा बात कही है कि हर बयानिया कलाम है, सिर्फ़ वाक़िआत का सिलसिला नहीं। हम जानते हैं कि मौजूदा सियाक़-ओ-सबाक़ में कलाम से मुराद वह उसूल या बयान या तसव्वुर है जो मुरत्तब होता है, मानीख़ेज़

१. बारीक़ी २. पाले हुए ३. अनिश्चित ४. पारिभाषिक शब्दावली

होता है और हमको मुतासिर कर सकता है। लिहाज़ा ऐसा नहीं है कि कोई बयानिया महज़ बयानिया हो (जैसा कि जेराल्ड प्रिंस ने गुमान किया था), हर बयानिया (लिहाज़ा हर फ़िक्शन) इस्तआराती और अपनी सतह के नीचे, या सतह पर ही, मानी रखता है।

हम देख सकते हैं कि फ़िक्शन, या अफ़साने की तारीफ़ मुमकिन करने में हम अब तक कई तरह की दूरी, यानी 'सर्क्युलर' बयानों के मुर्तकिब हो चुके हैं। इसलिए आयें फिर से शुरू करें। एक मुद्दत हुई जब मैंने फ़िक्शन के 'अफ़सानापन' की तारीफ़ यह की थी कि कोई वाक़िया उस वक़्त फ़िक्शन या अफ़साना बन जाता है जब वह इंसानी सतह पर हमारी दिलचस्पी को उकसाता है। मसलन ये बयानिया मत्न मुलाहिज़ा हो :

> एक दरख़्त से पत्ता टूट कर गिरा और नीचे बहते हुए चश्मे में डूब गया।

यहाँ दो वाक़ियात बयान हुए हैं, लेकिन कोई वाक़िआ ऐसा नहीं जो हमारी इंसानी हैसियत में हमारे लिए दिलचस्प हो। या इनमें कोई ऐसी बात देखने में नहीं है जो हमारे इंसानी सरोकारों के लिए मानीख़ेज़ हो। लेकिन अगर हम ये फ़र्ज़ करें कि 'दरख़्त' से मुराद 'शजरे हयात'[१] है, और दरख़्त के नीचे जो नदी बह रही है वह मौत है जो हर चीज़ को बहा ले जाती है और पत्ते का टूटकर गिरना पानी में ग़र्क़ हो जाना किसी ज़िन्दगी के ख़त्म हो जाने के मानी रखता है, तो हमारी इंसानी होशमन्दी एक हद तक बेदार होती है, लेकिन उस हद तक नहीं कि हमें ज़ाती तौर पर दरख़्त, या गिरते हुए पत्ते से कोई हमदर्दी या उनके बारे में कुछ फ़िक्र हो जाये, या हम ये सोचकर अफ़सोस में मुब्तला[२] हों कि हमारे साथ भी ऐसा हो सकता है।

इन वाक़ियात में इस्तआराती क़ुव्वत तो है, लेकिन इंसानी सतह पर मुतासिर करने के लिए पूरी तरह बरूए कार नहीं। ऐसा उस वक़्त मुमकिन था जब मसलन दरख़्त, पत्ते और चश्मे में इंसानी या तम्सीली[३] किरदारों की भी सिफ़ात[४] का मुशाहदा[५] मुमकिन होता।

अब एक और मिसाल लेते हैं :

> अचानक बड़े ज़ोर का तूफ़ान उठा।

---

१. ज़िन्दगी का पेड़ २. ग्रस्त ३. रूपक सम्बन्धी ४. ख़ूबियाँ ५. निरीक्षण

यह अपनी क़िस्म के एतिबार से बहुत पुरक़ुव्वत, लेकिन तजरीदी[१] और नाइंसानी वाक़िया है। इसके बहुत से मानी हो सकते हैं, लेकिन इन मानी (या इस वाक़िये) का कोई अंजाम हमें नहीं बताया गया। उसूली तौर पर यहाँ मानी की कसरत तो है, लेकिन ये मानी हमारे काम के नहीं। अगर कोई अंजाम होता तो शायद, हम इसकी मदद से इन वाक़िये को मौक़ा देते कि वह हमारी होशमन्दी को मुतासिर करे। इस बात को यूँ भी कह सकते हैं जब हम कोई उक़्लीदसी[२] शक्ल मुसल्लस[३] या मुरब्बा[४], देखते हैं तो हमें यह तो पता चलता है कि फ़ितरत, या कायनात में ऐसी शक्लें होती हैं और उनके ज़रिये बहुत सी बातें साबित हो सकती हैं, वग़ैरह। लेकिन ये शक्लें हमें इंसान या इंसानी सूरते हाल के बारे में ठोस, इंसानी बात नहीं बताती।

अब फ़र्ज़ कीजिये हमारा बयानिया नीचे दिया गया है :

> अचानक बड़े ज़ोर का तूफ़ान उठा और चिराग़ बुझ गया।

यहाँ 'चिराग़' ने फ़ौरन एक इंसानी सूरते हाल पैदा कर दिया है, क्योंकि चिराग़ इंसान ही बनाते और काम में लाते हैं। लेकिन अभी यहाँ कोई ऐसी बात नहीं है जो किसी ख़ास या आम इंसानी सूरते हाल को क़ायम करे, या उस तरफ़ इशारा करे। लफ़्ज़ 'चिराग़' बहुत सी तजरीदी और इस्तआराती बातों, या इम्कानात[५] का हामिल ज़रूर है। और ये बातें हमें ज़हनी या अक़्ली तौर पर मुतासिर करती हैं, या बामानी[६] मालूम होती हैं। लेकिन हम इन बातों में इंसान की सतह पर दाख़िल नहीं होते, क्योंकि अभी तक हम किसी ऐसे वाक़िये से दो-चार नहीं हुए हैं जिसमें कोई इंसानी पहलू हो। लेकिन अगर ये कहा जाता :

> अचानक बड़े ज़ोर का तूफ़ान उठा और चिराग़ बुझ गया। ग़रीब तालिब-ए-इल्म ने मजबूरन किताब बन्द कर दी और उसे एक तरफ़ रख दिया।

अब बहुत सी बातें सामने आती हैं, या छुपी हुई हैं लेकिन हम उन्हें फ़ौरन देख सकते हैं : चिराग़ या तूफ़ान में कोई इस्तआराती मानी नहीं हैं, लेकिन इंसानी मानी हैं। कोई तालिब-ए-इल्म है। वह इतना ग़रीब है कि बिजली

---

१. अकेला २. ज्यामितिक ३. त्रिकोणी ४. आयताकार ५. सम्भावनायें ६. अर्थपूर्ण

तो क्या, लालटेन भी उसकी इस्तताअत[१] के बाहर है। जहाँ वह रहता है, वह जगह भी बहुत तरक़्क़ीयाफ़्ता[२] नहीं है। वहाँ सड़क पर मिट्टी के तेल के चिराग़ वाले खम्बे होते हैं, बिजली के खम्बे नहीं। तालिब-ए-इल्म इसी चिराग़ की रौशनी में अपना सबक़ याद करता है या इम्तिहान की तैयारी करता है। तूफ़ान ने सड़क का चिराग़ बुझा दिया तो तालिब-ए-इल्म का पढ़ना बन्द हो गया।

मेरे बनाये हुए बयानिये का यह रूप पिछले दो बयानियों से अलग है। इसमें अल्फ़ाज़ ज़्यादा हैं, मानी के इम्कानात कम हैं। लेकिन मानी के इम्कानात की कमी को इंसानी सरोकारों के वुफ़ूर[३] ने हमारे लिए ज़्यादा मानीख़ेज़ बना दिया है। यहाँ मुझे ग़ालिब याद आते हैं :

हुजूमे सादालौही पंबा-ए-गोश हरीफ़ाँ है,
वगर्ना ख़्वाब में मुज़्मिर हैं अफ़साने की ताबीरें

ग़ालिब देखने में फ़िक्शन की तनक़ीद की एक बारीक़ी बयान कर रहे हैं, ऐसी बारीक़ी जो मेरी इस वक़्त की दलील के लिए मुफ़ीद मतलब है। ऊपर मैंने कहा था कि फ़िक्शन में मानी की कसरत से ज़्यादा अहमियत इंसानी सरोकारों की है। ग़ालिब इससे बढ़कर यह कहते हुए नज़र आते हैं कि हालाँकि अफ़साने (या किसी भी फ़िक्शन) को ताबीर की ज़रूरत है, लेकिन लोग यह नहीं जानते कि हम जो ख़्वाब देखते हैं उन्हीं में हमारे अफ़साने के मानी मौजूद हैं। ख़्वाब क्या हैं? तख़य्युल का करिश्मा है। इसलिए तख़य्युल को काम में लायें तो हम देखेंगे कि जो भी अफ़साने किसी ने (वह कोई शख़्स हो या और कोई हस्ती) घड़े हैं, वे दरअसल हमारे ख़्वाब हैं, यानी तख़य्यीली हक़ीक़तें हैं। दूसरे शब्दों में, फ़िक्शन की व्याख्या इसकी सतह पर नहीं होती, कहीं दूर गहरायी में होती है। मेरा कहना यह है कि गहरायी की यह सतह इंसानी सरोकारों और इंसानी दिलचस्पियों की सतह है। फ़िक्शन को हम तब ही समझ सकेंगे जब फ़िक्शन हमें बतौर इंसान अपनी गिरफ़्त में लेता है।

हम जानते हैं कि नैयर मसूद ने अपने सारे अफ़साने नहीं तो ज़्यादा से ज़्यादा तादाद में अफ़साने ख़्वाब में देखे हैं, यानी पहले तो अफ़साने को ख़्वाब में साकार होते हुए देखा और फिर उसे हाफ़िज़े की तहवील से

१. क्षमता २. उन्नत ३. आधिक्य

बाहर निकालकर काग़ज़ पर उतारा। मानो अफ़साना (उसकी कही हुई शक्ल) और ताबीर (उसकी ख़याली शक्ल) एक साथ ही वजूद में आये। मेरा ख़याल है इस बात में हमारे लिए कुछ बसाइर[१] छुपे हुए हैं। मैं अपने बारे में कह सकता हूँ कि मैंने अपनी कहानी 'लाहौर का एक वाक़िया' बड़ी हद तक ख़्वाब में देखी थी यानी ख़्वाब पूरा होने के पहले मेरी आँख खुल गयी थी। फिर मैंने पूरा अफ़साना लिखा और उसमें अपने ख़्वाब की ताबीर[२] यह लिखी कि 'सारे अफ़साने सच्चे होते हैं'। बिलकुल इसी तरह, जिस तरह सारे ख़्वाब सच्चे होते हैं जब तक हम उन्हें आलम ख़्वाब (या आलम वाक़िये) में देखते रहते हैं। यह कोई इत्तेफ़ाक़ नहीं है कि हमारी ज़बान में वाक़िये के एक मानी 'ख़्वाब' भी हैं।

मेरा कहना है कि फ़िक्शन निगार हमसे तक़ाज़ा करता है, बल्कि हमें मजबूर करता है कि जो वाक़िया वह बयान कर रहा है तुम उसे सच समझो, चाहे वह सच उन मानी में न हो, जिन मानी में कोई आँखों देखा हाल सच होता है, लेकिन मेरे फ़िक्शन की सच्चाई तुम्हारे लिए फ़ौरी और हक़ीक़ी है, मानो तुम ख़्वाब देख रहे हो। फ़र्क़ यह है ख़्वाब से बेदार[३] होने पर शायद तुम ख़ुद को समझा लो कि वह सब फर्ज़ी और ग़ैर-हक़ीक़ी था, लेकिन जब तक ख़्वाब जारी है, मेरा फ़िक्शन तुम्हारे शुऊर और एहसास में जारी है। लेकिन ज़ाहिर है कि ऐसा फ़िक्शन वही हो सकता है जो हमें इंसानी सतह पर उकसाये। और ऐसे फ़िक्शन का पसन्दीदा या नापसन्दीदा होना इसकी फ़न्नी क़ुव्वत पर असर अन्दाज़ नहीं हो सकता।

मिसाल के तौर पर मैं राजिन्दर सिंह बेदी को उर्दू के सबसे बड़े अफ़साना निगारों और आली तरीन दर्जे के अफ़साना निगारों में गिनता हूँ। लेकिन मुझे उनके वे अफ़साने सख़्त नापसन्द हैं जिनमें वह उस औरत को आदर्श क़रार देते हैं, देते नज़र आते हैं जो दुख उठाती हैं, ससुराल की सख़्तियाँ सहती हैं, बच्चों पर बच्चे पैदा करती हैं और हर तरह शौहर की ग़ुलाम रहती हैं। इस हद तक ग़ुलाम कि वह शौहर की मार ही को उसकी मुहब्बत की दलील समझती हैं। मेरी मुराद 'लाजवंती', 'गिर्हन', 'अपने दुख मुझे दे दो' जैसे अफ़सानों ही से नहीं बल्कि 'मिथुन' और 'बिब्बल' जैसे अफ़सानों से भी है। मुझे ये अफ़साने नाक़ुबूले बर्दाश्त हद तक नापसन्द

---

१. दृश्य २. व्याख्या ३. सचेत

हैं। बेदी साहब इन अफ़सानों में उस औरत को आदर्श के रूप में पेश कर रहे हैं या उस औरत को 'आइडियल ट्रुथ' या ऐसी सच्चाई का नमूना पेश कर रहे हैं जो मज़लूम[१] और बेचारा ही नहीं, बल्कि वह अपनी मज़लूमी और बेचारगी को ज़िन्दगी का आदर्श और औरत का फ़र्ज़ क़रार देकर न सिर्फ़ क़ुबूल करती है, बल्कि उसमें एक तरह लुत्फ़ और फ़ख़्र महसूस करती है।

यह सब दुरुस्त, लेकिन मैं ऊपर बयान किये गये अफ़सानों में से अक्सर को उर्दू फ़िक्शन के शाहकारों में गिनता हूँ। यानी फ़न्नी एतिबार से इनमें से कई अफ़साने ख़ासकर 'लाजवंती' और 'बब्बल' इंतिहाई बुलन्द अफ़साने हैं। लेकिन मैं उनसे नफ़रत भी करता हूँ क्योंकि इनमें औरतों का जो तसव्वुर पेश किया गया है वह ग़ैर-मुंसिफ़ाना[२] मर्द के निज़ामे अक़्दार[३] की तरफ़ झुका हुआ और इस्तेहसाली[४] है। तो फिर ऐसा क्यों हो सका है? इसलिए कि फ़िक्शन में जो वाक़िया बयान होता है हम उसे सच्चा क़रार देते हैं और उसे हमेशा के लिए मौजूद समझते हैं।

शायरी का मामला मुख़्तलिफ़ है। एक तो इसलिए कि हमारी शायरी में कोई बयान करने वाला नहीं होता। लिहाज़ा शायरी में इससे कोई फ़र्क़ नहीं पड़ता कि हम बयान करने वाले/शायर के (शुऊरी या ग़ैर शुऊरी तौर पर अख़्तियार किये हों) नज़रियात से मुफ़िक़ हों या न हों।

तो इस मसले पर दोबारा ग़ौर करें कि कोई मत्न अफ़साना या फ़िक्शन कब बनता है। मेरा ख़याल है यह बात एक हद तक साफ़ हो चुकी होगी कि फ़िक्शन इंसानी सिंफ़े सुख़न है, इंसान इसमें मर्कज़ी हैसियत रखता है। और इंसान हमेशा, 'अंजाम' या आज की ज़बान में 'क्लोजर' चाहता है। वह चाहता है कि जो भी वाक़िया हो, वह अपने फ़ितरी अंजाम तक पहुँचे। और अगर हक़ीक़ी मानी में फ़ितरी अंजाम मुमकिन नहीं हो तो फिर ऐसा अंजाम हो जो फ़ितरी महसूस हो, कि अब इसके बाद कुछ बताने की ज़रूरत नहीं। अंजाम फ़ितरी महसूस हो, और फ़िक्शन हमारी इंसानी हैसियत को अंगेज़ करे, यह काफ़ी है। प्रेमचन्द और इयन वॉट और लुकाच के ख़याल जो मैंने ऊपर नक़ल किये, उनका सबसे बड़ा नुक़्सान यह है कि फ़िक्शन लिखने और पढ़ने वाले, दोनों को फ़िक्शन

---

१. जिस पर ज़ुल्म हुआ हो २. अन्यायी ३. मूल्य ४. शोषक

के 'पैग़ाम' और 'मक़्सद' से सरोकार ज़्यादा हो जाता है, ख़ुद फ़िक्शन या कहानी से कम। मेरा कहना है कि फ़िक्शन वाक़ियात की तरतीब का नाम है, और तरतीब इस तरह हो जिसमें इंसानी सरोकार नुमायाँ हों। फ़िक्शन हमें सोचने की तरग़ीब[१] देता है, यह हमारी तरफ़ से फ़ैसले नहीं करता, बल्कि हमारी हिम्मत अफ़ज़ाई करता है, या यूँ कहें कि हमसे तक़ाज़ा करता है कि हम अपने फ़ैसले ख़ुद करें।

फ़िक्शन में बयान किये हुए वाक़ियात हमारे लिए किसी भी सिलसिला-ए-वाक़ियात, किसी भी बयानिया की तरह होते हैं। हमें इस बात से फ़ौरी ग़र्ज़ नहीं होती कि वे वाक़ियात हक़ीक़ी हैं, या 'क़ुदरत के क़ानूनों' के ख़िलाफ़ हैं। फ़िक्शन वह चीज़ है जिसे हम एक वक़्त में, हक़ीक़ी और ग़ैर-हक़ीक़ी समझकर बरतते हैं। हम जितनी क़ुव्वत से इस बात का शुऊर रखेंगे कि जो हो रहा है वह हक़ीक़ी नहीं है और है भी, हमारे लिए फ़िक्शन का पढ़ना उतना ही कामयाब और इत्मीनान बख़्श होगा।

अब ज़रा इस बात को और बारीक़ी से देखें। अख़बारों में और टीवी पर हम आये दिन क़त्ल-ओ-ग़ारत, अग़वा, बच्चों के ख़िलाफ़ ज़ालिमाना वारदातों के बारे में पढ़ते और सुनते रहते हैं। हमें ये ख़बरें बहुत तकलीफ़ पहुँचाती हैं और मुज़रिम के लिए हमारे दिल में घिन और नफ़रत पैदा करती हैं। लेकिन अहम बात यह है, हमने जो ख़बर सुनी वह पहले ही वाक़िया हो चुकी है। अब वह माज़ी में है, हमारा कोई क़ाबू, कोई अख़्तियार इस पर नहीं। जो हो गया है वह हो गया है, अब वह ख़ारिज नहीं हो सकता। यानी हम उसे 'अनहुआ' नहीं कर सकते। हमें घबराहट तशवीश, तजस्सुस और परेशानी नहीं होती। लेकिन जब हम ऐसे ही किसी वाक़िये का हाल फ़िक्शन में पढ़ते हैं तो हमारे दिल की धड़कनें तेज हो जाती हैं, साँसें ना बराबर होने लगती हैं, ख़ौफ़ और तशवीश हमारे ऊपर हावी होने लगती है। या अल्लाह, अब क्या होगा ? काश, कि यह लड़की बुरे लोगों के धोखे या जुल्म का शिकार न बन सके, काश, ज़ालिम मुज़रिमों के हाथों इसका अग़वा न हो, काश, इस दूध पीते बच्चे की माँ उसे बिलखता छोड़कर मौत का निवाला न बन जाये। काश, कि गाँव या मोहल्ले या शहर के लोगों पर जुल्म-ओ-तारी का बाज़ार न गर्म हो पाये।

---

१. प्रेरणा

वग़ैरह। जब हम फ़्लोबे का नॉवेल 'मादाम बोवारी' ख़त्म कर लेते हैं तो हम दिल में कहते हैं कि काश, शायद किसी तरह, किसी भी तरह, मादाम बोवारी को ख़ुदकुशी करने से बचाया जा सकता। हमारे दिल में एक बेनाम-सा एहसासे जुर्म हमें शर्मिन्दा करता है कि हम मादाम बोवारी को, या ऐना कैरेनीना को ख़ुदकुशी करने से नहीं रोक सके। काश कि नॉवेल निगार (यानी मादाम बोवारी के लिए फ़्लोबे और ऐना के लिए टॉलस्टॉय) कोई ऐसा रास्ता निकाल लेते कि उन हीरोइनों का अंजाम ऐसा नहीं होता।

यह इसी वजह से तो है कि हम ख़ूब जानते हैं कि फ़िक्शन में जो वाक़ई होता है वह बस फ़िक्शन है, उसकी असल कुछ नहीं। लेकिन हम यह भी जानते हैं कि जो हुआ है या हो रहा है वह हमारे लिए हक़ीक़ी है। यही वजह है कि हम फ़िक्शन का ख़ुलासा, हमेशा ज़माना-ए-हाल में बयान करते हैं। अख़बार या टीवी ने वह बता दिया जो हो चुका है, लेकिन फ़िक्शन हमें बताता है कि हम जो आपको बता रहे हैं वह आपके सामने हो रहा है। आप किसी ख़बर के पाठक या तमाशबीन नहीं, ख़ुद उस ख़बर का हिस्सा हैं। हम यह नहीं कहते कि ऐना एक दौलतमन्द ख़ानदान की कम उम्र लड़की थी और वह एक बड़े रईस को ब्याही गयी थी। वह रईस उम्र में उससे बड़ा था। हम कहते हैं ऐना एक दौलतमन्द ख़ानदान की कम उम्र लड़की है और वह एक बड़े रईस को ब्याही है, वह रईस उम्र में उससे बड़ा है। यह सूरत-ए-हाल हमेशा से है और हमेशा रहेगी। हम, या हमारे बाद आने वाला कोई भी शख़्स जो इस नॉवेल को पढ़ेगा, यह सूरत-ए-हाल उसके लिए वैसी फ़ौरी और ज़िन्दा होगी जैसी हमारे लिए है।

हम जानते हैं कि शार्ल बोवारी कुछ अहमक़ सा, गँवार, कमरू[१], और अपनी बीवी पर ग़ैर-ज़रूरी हद तक भरोसा करने वाला शख़्स है और उसकी बीवी बड़ी तरहदार है। शायद यही मुनासिब है कि मादाम बोवारी उसकी पीठ पीछे दूसरों से इश्क़ लड़ाये। लेकिन...लेकिन फिर भी काश ऐसा नहीं हुआ होता। फ़िक्शन निगार ने जो ग़ैर-हक़ीक़ी लेकिन हक़ीक़ी ज़िन्दगी हमारे सामने पेश की वह इम्कानात से परे है और हमेशा रहेगी। फ़िक्शन निगार के लिए मुमकिन था कि वह दोनों हीरोइनों के लिए कुछ मुख़्तलिफ़ अंजाम अदा करता। यक़ीनन फ़िक्शन निगार शिद्दत से इन्कार

---

१. कुरूप

करेगा और कहेगा कि जो वाक़ियात मैंने बयान किये हैं और किरदारों को जिस तरह पेश किया है उसकी मंतिक़[१] यही थी जो मैंने उसे अख़्तियार की। लेकिन हम जानते हैं कि फ़िक्शन निगार कुछ भी कहे, फ़िक्शन अपनी जगह पर कुछ और भी कर सकता है। आख़िर क्या वजह है कि दोस्तोएव्स्की ने एक बार झुँझलाकर क़लम रख दिया कि मैं इस किरदार से बहुत नाराज़ हूँ। मैं उसे कुछ बनाना चाहता हूँ और यह कुछ ही बन बैठता है।

मारिओ वारगास लिओसा के नॉवेल 'द बैड गर्ल' को हम एक तरह से मादाम बोवारी की तर्ज़ पर बनाया हुआ कह सकते हैं। यह बुरी लड़की जो कभी कोई नाम रख लेती है और कभी कोई और नाम, उसे दौलत और ताक़त से इश्क़ है और वह मादाम बोवारी से ज़्यादा नफ़ीस और मुतमद्दिन[२] है। वह मादाम बोवारी से कहीं ज़्यादा बेवफ़ा और बेरहम क़िस्म की औरत है। अख़्लाक़ियात उसे छू भी नहीं गयी हैं। एमा बोवारी के मुल्की यानी प्रोविंशियल मिज़ाज के बरख़िलाफ़ इसका मिज़ाज बैनलअक़्वामी[३] है। नॉवेल जैसे-जैसे आगे बढ़ता है हम उलझन में पड़ते जाते हैं : आख़िर यह क्या हो रहा है? इसका अंजाम क्या और कहाँ होगा? हम जानते हैं कि इसका अंजाम अगर ख़राब और तकलीफ़देह होगा तो हमें अफ़सोस होगा, और यह अफ़सोस बुरी लड़की पर उतना नहीं होगा जितना ख़ुद अपने ऊपर होगा। 'फैला है उस तरह का काहे को याँ ख़राबा', हम मीर की ज़बान में पूछते हैं।

आख़िरकार वह बुरी लड़की अपने अव्वलीन वफ़ादार और साबिर[४] आशिक़ के पास लौट जाती है। उसका हुस्न और सेहत दोनों तबाह हो चुके हैं। लेकिन उसका चोंचलापन और मिज़ाज की तेज़ी सब पहले ही जैसी हैं। मुश्किल से एक महीने के बाद वह मर जाती है। लेकिन हमें अब उस पर अफ़सोस नहीं होता, बल्कि उसके वफ़ादार आशिक़ पर होता है। उसे सारी ज़िन्दगी नाकामी और मायूसी ही हाथ लगी है। और वह किसी अख़बार में ख़बर नहीं है, बल्कि इंसान है। हम जानते हैं कि फ़िक्शन निगार वाक़ियात और किरदारों के साथ तरह-तरह की हेरा-फेरियाँ करता है ताकि फ़िक्शन मंतिक़ी अंजाम तक पहुँच सके। लेकिन हम यह भी

---

१. तर्क २. सभ्य ३. अन्तर्राष्ट्रीय ४. सब्र करने वाला

जानते हैं कि यह ख़ुद फ़िक्शन है जो हमारे साथ हेरा-फेरी करता रहता है। और यही इसकी सच्चाइयों का सबसे बड़ा हिस्सा है। यह हेरा-फेरी ही तो है कि एक ही तरह की दो लड़कियाँ हैं, लेकिन वह एक ही तरह की नहीं भी हैं। इनका अंजाम एक ही तरह का होता है, लेकिन एक ही तरह का नहीं होता।

कुछ लोग कहते हैं कि 'बाबू गोपीनाथ' या 'सौगन्धी' जैसे अफ़साने मण्टो ही लिख सकते थे। यह बात ठीक भी है और ग़लत भी। ठीक इसलिए कि मण्टो का अफ़साना इंसान और इंसानों के बारे में होता था, तसव्वुरात और अक़ाइद के बारे में नहीं। लेकिन यह बात ग़लत इसलिए है कि कोई भी फ़िक्शन निगार जो दुनिया की नैरंगियों[१] को मद्देनज़र रखता है उससे बाबू गोपीनाथ या सुगन्धी जैसे लोग नज़र ही आ जायेंगे। और फ़िक्शन की सच्चाई इसी बात में है कि फ़्लोबे और वारगास लिओसा जैसे मुख़्तलिफ़ अलाहिद और मुख़्तलिफ़ुलमिज़ाज फ़िक्शन निगार एक ही तरह का किरदार बना सके।

टाडाराफ़ ने लिखा है कि हर फ़िक्शन के लिए दो शख़्स लाज़मी होते हैं : फ़िक्शन नवीस या बयान करने वाला, और फ़िक्शन को हासिल करने वाला, यानी सुनने या पढ़ने वाला। वह कहता है कि हर फ़िक्शन के लिए यह दो शरीक लाज़मी हैं। लेकिन यह बात दास्तान या ज़बानी बयानिया पर ज़्यादा सही साबित होती है, नॉवेल या अफ़साने पर कम। बाख़्त ने ठीक कहा है कि नॉवेल निगार से ज़्यादा कोई आदमी तन्हा नहीं, उसे कुछ नहीं मालूम कि मेरा बयानिया कौन पढ़ेगा, कब पढ़ेगा, किस जगह पढ़ेगा और मेरे पढ़ने वाले कितने लोग होंगे। इसके बरख़िलाफ़ ज़बानी बयानिया का हदफ़ (यानी इसका सुनने वाला) बयान करने वाले के सामने होता है। यहाँ से दूसरा नुक्ता[२] यह नुक्ता है कि ज़बानी बयान करने वाले को अपने सुनने वाले का पूरा लिहाज़ रखना होता है। और वह अपने बयानिया के साथ कोई हेर-फेर, कोई ऐसा सलूक नहीं कर सकता, उसका सुनने वाला जिससे मुत्तफ़िक़[३] न हो। वह न तो अपने बयानिया के साथ कोई हेरा-फेरी का सलूक कर सकता है और न ही उसका बयानिया अपने बयान करने वाले के साथ कोई हेरा-फेरी कर सकता है।

---

१. विविधतायें २. बारीक़ी ३. इत्तेफ़ाक़ रखने वाला

ज़बानी बयान में बयानिया और बयान करने वाला दोनों बराबर के शरीक होते हैं। लेकिन फ़िक्शन (यानी नॉवेल और अफ़साना) एक हद तक अपने बयान करने वाले से आज़ाद होते हैं। दोस्तोएव्स्की की मिसाल मैं ऊपर नक़ल कर चुका हूँ कि वह अपने एक किरदार से ख़फ़ा हो गया था क्योंकि उस किरदार ने कुछ अपनी ही ज़िन्दगी हासिल कर ली थी। ऐसा भी हुआ कि किसी कहानी को ख़ुद लेखक ने, या किसी और ने दुबारा लिखा तो नया रूप पिछले रूप से थोड़ा-बहुत अलग निकला।

फ़िक्शन निगारी हैसियत से मेरा अपना तजुर्बा भी यही है कि मैंने अपने किरदार या वाक़िये को जैसा बनाना चाहता हूँ, हमेशा वैसा बनता नहीं है। मेरे सामने सुनने वाला भी नहीं है जिसके दबाव के तहत मैं किरदार और वाक़िये को आज़ाद न होने दूँ। इस तरह कुछ मुतज़ाद[१] सी सूरते हाल बनती है, कि मैं अपने फ़िक्शन को जन्म देने वाला हूँ भी और नहीं भी हूँ। इसलिए मुझे इस बात पर कोई हैरत नहीं है कि फ़्लोबे ने कहा :

> मैं ऐसी किताब लिखना चाहता हूँ जो किसी शै[२] के बारे में न हो, ऐसी किताब जो सिर्फ़ उस्लूब[३] की अन्दरूनी क़ुव्वत के बलबूते पर क़ायम हो, जिस तरह हमारी ज़मीन किसी सहारे के बग़ैर हवा में ख़ुद को क़ायम रखती है। मैं ऐसी किताब लिखना चाहता हूँ जो किसी मौज़ूँ[४] पर न हो, या कम से कम ऐसा हो कि इसका मौज़ूँ दिखायी न दे...मेरा ख़याल है कि फ़िक्शन का मुस्तक्विल इन्हीं राहों में है।

ज़ाहिर है कि जब कोई विषय ही न होगा, सिर्फ़ तरीक़ा होगा, तो फिर फ़िक्शन अपने बनाने वाले के साथ कोई गड़बड़, कोई हेरा-फेरी न कर सकेगा। लेकिन यह भी ज़ाहिर है कि फ़िक्शन के ग़ैर-मरई[५] दबाव से आज़ाद होने की कोशिश कभी कामयाब नहीं हो सकी। जेम्स जॉयस और सैमुअल बैकेट और कुछ दूसरों ने बेइन्तिहा कोशिश कर ली, लेकिन फ़्लोबे की पेशीनगोई पूरी ना हो सकी। फ़िक्शन किसी न किसी तौर से अपने ख़ालिक़[६] से आज़ाद ही रहा।

इस तरह फ़िक्शन कि सच्चाइयाँ कम से कम तीन हैं : एक तो यह कि हम यह ख़ूब जानते और अच्छी तरह बूझते हैं कि जो कुछ हम पढ़ रहे हैं यह महज़ फ़र्ज़ी है, लेकिन फिर भी हम उसके साथ मामला यूँ करते हैं

---

१. विषम २. चीज़ ३. शैली ४. विषय ५. अगोचर ६. पैदा करने वाला

कि यह फ़र्ज़ी नहीं, हक़ीक़ी है। जो कुछ हो रहा है हम उसके तमाशबीन ही नहीं, हम उसमें शरीक भी हैं। दूसरी सच्चाई यह है कि फ़िक्शन में जो कुछ बयान होता है वह हमारे लिए माज़ी नहीं, बल्कि एक तरह का इस्तमरारी[१] हाल है, क्योंकि हम जब भी फ़िक्शन को पढ़ते हैं, पहली बार या बार-बार वह हमारे लिए ज़माना-ए-हाल ही में होता है। तीसरी सच्चाई यह है कि फ़िक्शन निगार किसी न किसी मानी में अपनी अक़्ल और मंतिक़ी शुऊर का नहीं, बल्कि फ़िक्शन की अन्दरूनी मंतिक़ का पाबन्द होता है।

१. काल्पनिक